TOP 10 HONGKONG

LIAM FITZPATRICK,
JASON GAGLIARDI &
ANDREW STONE

DK
DORLING KINDERSLEY

Links **Star Ferry** Mitte **Bird Garden** Rechts **Aussicht von The Peak**

EIN DORLING KINDERSLEY BUCH

www.dk.com

Produktion *Blue Island Publishing, London*
Texte *Liam Fitzpatrick, Jason Gagliardi & Andrew Stone*
Fotografien *Nigel Hicks, Chris Stowers*
Illustrationen *Lee Redmond*
Kartografie *James Macdonald*
Redaktion und Gestaltung *Dorling Kindersley Ltd.*

Aktualisierte Neuauflage 2012/2013

Programmleitung *Dr. Jörg Theilacker, Dorling Kindersley Verlag*
Projektleitung *Birgit Walter, Augsburg*
Übersetzung *Jürgen Scheunemann, Berlin*
Redaktion *Bernhard Lück, Augsburg*
Schlussredaktion *Birgit Lück, Augsburg*
Satz und Produktion *Dorling Kindersley Verlag*
Lithografie *Colourscan, Singapur*
Druck *Vivar Printing Sdn Bhd, Malaysia*

ISBN 978-3-8310-2019-5
4 5 6 7 14 13 12 11

Die Top-10-Listen in diesem Buch sind nicht nach Rängen oder Qualität geordnet. Alle zehn Einträge sind in den Augen des Herausgebers von gleicher Bedeutung.

Inhalt

Top 10 Hongkong

Die Informationen in diesem Top-10-Reiseführer werden regelmäßig überprüft.
Wir haben uns intensiv bemüht, die Informationen in diesem Buch zum Zeitpunkt der Drucklegung auf den neuesten Stand zu bringen. Angaben wie Telefonnummern, Öffnungszeiten, Preise, Ausstellungen und Fahrpläne unterliegen jedoch Veränderungen. Der Herausgeber kann für eventuell hieraus entstehende Schäden nicht haftbar gemacht werden. Für Hinweise, Verbesserungsvorschläge und Korrekturen ist der Verlag dankbar. Bitte richten Sie Ihr Schreiben an:

Dorling Kindersley Verlag GmbH
Redaktion Reiseführer
Arnulfstraße 124
80636 München
travel@dk-germany.de

Links **Ten Thousand Buddhas Temple** Mitte **Lantau** Rechts **Window of the World, Shenzhen**

Stadtteile – Hong Kong Island

Stadtteile – Kowloon

Regionen

Reise-Infos

Links **Skyline von Hongkong** Rechts **Eine Gottheit wacht an einem Tempel**

Hongkong im Internet **www.discoverhongkong.com/german**

Bank of America

TOP 10 HONGKONG

TOP 10 HONGKONG

TOP 10 Highlights

»Ein Traum wie Manhattan, der sich aus dem Südchinesischen Meer erhebt« – so beschreibt der Reiseschriftsteller Pico Iyer Hongkong (chinesisch Xianggang). Vom Opiumhafen über einen Schauplatz des Kalten Kriegs bis zum turbulenten Finanzzentrum – Hongkong war nie langweilig. Die Stadt ist ein Schmelztiegel der Kulturen, in dem sich Ost und West treffen und stets aufs Neue überraschen. Mit Hongkong erwartet Sie eine der aufregendsten Großstädte.

1 The Peak
Mit der Standseilbahn geht es hinauf auf den Victoria Peak mit seiner fantastischen Aussicht *(siehe S. 8f)*.

2 Statue Square in Central
Hong Kong Islands Nordosten ist das Verwaltungszentrum der Region. Koloniale Überreste und spannende moderne Architektur findet man nebeneinander rund um den Statue Square *(siehe S. 10f)*.

3 Happy-Valley-Pferderennen
Pferderennen in Happy Valley – hier werden fast alle Chinesen vom Wettfieber gepackt *(siehe S. 12f)*.

Star Ferry 4
Lassen Sie die unterirdischen Verbindungen zwischen Hong Kong Island und Kowloon links liegen: Mit der Star Ferry macht die Fahrt mehr Spaß *(siehe S. 14f)*.

Vorhergehende Doppelseite **Central District am Abend**

5 Stanley

Das Fort mit Kolonialgeschichte und Spuren aus dem Zweiten Weltkrieg in Stanley, im Süden von Hong Kong Island, bietet Abwechslung vom Großstadttrubel *(siehe S. 16f)*.

Temple Street Night Market 6

Kowloon ist abends am lebendigsten. Schlendern Sie durch die engen Straßen in Yau Ma Tei und feilschen Sie mit den Händlern *(siehe S. 18f)*.

7 Heritage Museum

In der Nähe von Sha Tin in den New Territories liegt das beste Museum von Hongkong – ein Muss. Hightech-Ausstellungen zeigen die Kultur- und Naturgeschichte der Region *(siehe S. 20f)*.

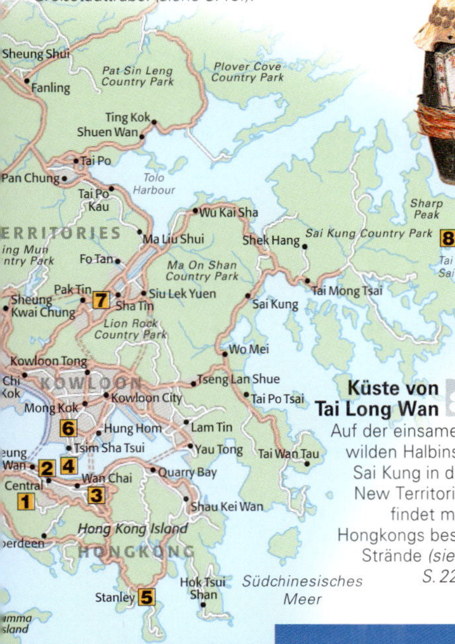

Küste von Tai Long Wan 8

Auf der einsamen, wilden Halbinsel Sai Kung in den New Territories findet man Hongkongs beste Strände *(siehe S. 22f)*.

9 Cheung Chau Island

Von allen Inseln rund um Hongkong ist das winzige Cheung Chau mit dem chinesischen Charme am schönsten *(siehe S. 24f)*.

10 Big Buddha & Po Lin Monastery

Im Herzen des hügeligen Lantau Island zieht das Po Lin Monastery sowohl Gläubige als auch Besucher an. Den außergewöhnlichen sitzenden Buddha vor dem Kloster kann man kilometerweit sehen *(siehe S. 28f)*.

Private Website über das Leben eines Deutschen in Hongkong mit vielen Informationen **www.hongkong24.net**

TOP 10 The Peak

Dank der spektakulären Aussicht auf Hongkong, der kühlen Brise und ruhiger, schattiger Waldwege ist der Victoria Peak bei Urlaubern ebenso beliebt wie bei den Superreichen, die hier in exklusiven Villen in Hanglage residieren. Die Standseilbahn Peak Tram zum Gipfel braucht knapp zehn Minuten zum Victoria Gap. Bei der atemberaubenden Fahrt wird die Bahn an nur einem Kabel den steilen Berg hinaufgezogen.

Essen auf der Terrasse

Peak Tram

Bei nebeligem oder wolkenreichem Wetter sollten Sie den Besuch am Peak verschieben, da man dann nur wenig sieht.

Im Peak Tower ist das Café Deco mit hübscher Einrichtung, großer Speisekarte und gutem Service eine gute Adresse. Eine atemberaubende Sicht auf Lamma Island genießt man beim Essen auf der Gartenterrasse des Peak Lookout.

- *Karte E5*
- *Peak Tram: 2522 0922; tägl. 7–24 Uhr; einfache Fahrt 28 HK$, Hin- & Rückfahrt 40 HK$*
- *Bus 15C von der Central Star Ferry*
- *www.thepeak.com.hk*

Top 10 Ansichten

1. Peak Tower
2. Galleria
3. The Peak Lookout
4. Barker Road & Plantation Road
5. Pok Fu Lam Country Park
6. Teuerstes Haus der Welt
7. Victoria Peak Garden
8. Old Peak Road
9. Aussicht nahe dem Gipfel
10. Lugard Road & Harlech Road

1 Peak Tower

Die Peak Tram befördert die Passagiere zu diesem hässlichen, ambossförmigen Bau *(unten)* mit Läden, Restaurants, Cafés und der teuren Aussichtsplattform Sky Terrace. In der Pacific Coffee Company gibt es die Aussicht gratis zum guten Kaffee dazu. Der Turm ist sehr kommerziell. Kinder werden die Wachsfiguren bei Madame Tussauds lieben.

2 Galleria

Das imposante Shopping-Center im Peak Tower nutzt die grandiose Lage kaum aus, es gibt jedoch einige gute Restaurants mit schöner Aussicht auf die Stadt, den Hafen und weiter bis nach Lamma Island.

3 The Peak Lookout

Auf der hübschen Gartenterrasse des beliebten, freundlichen und teuren Restaurants kann man hervorragendes Essen und exzellenten Wein genießen.

The Peak Lookout im Internet **www.thepeaklookout.com.hk**

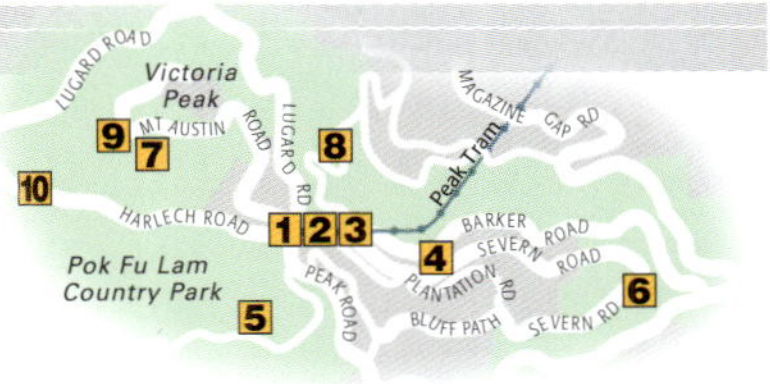

4 Barker Road & Plantation Road

Die meist ruhigen (ungeteerten) Straßen eignen sich gut für einen Spaziergang zu den teuren Villen auf dem Peak, u. a. zum Haus Nr. 23 Severn Road *(siehe Eintrag 6)*. Die meisten Villen haben einen tollen Hafenblick. Nur Millionäre können sich hier eines der Apartments leisten.

5 Pok Fu Lam Country Park

Zu einem angenehmen halbstündigen Spaziergang lädt die Pok Fu Lam Reservoir Road ein. Der Bus bringt Sie zurück.

9 Aussicht nahe dem Gipfel

Der Gipfel mit den Antennen ist abgesperrt, doch die Aussicht vom Rand des Victoria Peak Garden ist hervorragend *(oben)*.

10 Lugard Road & Harlech Road

Der einfachste Weg, um den Panoramablick vom Peak zu genießen, ist der drei Kilometer lange Rundgang auf der schattigen Lugard Road und der Harlech Road. Die Strecke ist auch gut zum Joggen geeignet.

6 Teuerstes Haus der Welt

Für den Bau Nr. 23 Severn Road gab es 1997 ein Kaufangebot von über 900 Millionen HK$. Wochen später brachen die Preise ein. 2001 war das Haus für nur noch ein Drittel zu haben.

8 Old Peak Road

Bevor es die Peak Tram gab, bestieg man den Gipfel auf diesem angenehm schattigen Pfad. Den steilen Weg wählt man am besten für den Abstieg. Auf dem Tregunter Path weiter unten ist weniger Verkehr.

Victoria Peak Garden 7

Der steile Aufstieg an der Mount Austin Road oder die längere Route auf dem Governor's Walk zu den gepflegten Gärten *(rechts)* lohnt sich: Von der Aussichtsplattform sieht man Lamma Island.

Peak Tram

Obwohl die Standseilbahn von einem einzigen Stahlseil extrem steil nach oben gezogen wird, hat sich die Peak Tram seit der Inbetriebnahme im Jahr 1888 als äußert sicher erwiesen. Nur einmal, in den 1960er Jahren, spülten Wassermassen bei einem besonders starken Sturm Teile der Gleise fort. Dies war der schwerste Zwischenfall.

Weitere Informationen zur Peak Tram **siehe S. 40 & S. 140**

TOP 10 Statue Square in Central

Wer auf dem Statue Square im Central District steht, befindet sich mitten im Zentrum von Hongkong. Hier konzentrieren sich Wirtschaft, Politik, Geschichte und Gesellschaft. Zwischen den Glas-Stahl-Konstruktionen der eleganten Wolkenkratzer rund um den Platz verstecken sich einige wenige koloniale Überreste wie das hübsche klassizistische Legislative Council Building, vor dem die – eher zurückhaltenden – politischen Demonstrationen stattfinden. Shoppen (beliebter als Demos) kann man gleich gegenüber in den Edelboutiquen.

Thomas-Jackson-Statue

Bank of China Tower

Eine fantastische Aussicht auf den Central District und den Hafen bietet die Aussichtsplattform auf der 43. Etage des Bank of China Tower.

Wenn Sie auf dem Platz oder im nahen Chater Garden picknicken möchten, können Sie Kuchen, Gebäck und Pasteten in der Bäckerei des Mandarin Oriental (am Rand des Platzes) kaufen.

• *Karte L5*

Top 10 Sehenswert

1. Bank of China Tower
2. Shopping-Malls
3. The Cenotaph
4. Chater Garden
5. Court of Final Appeal
6. Legislative Council Building
7. Mandarin Oriental
8. Thomas-Jackson-Statue
9. HSBC Bank Headquarters
10. Filipinos am Sonntag

1 Bank of China Tower

Über dem HSBC Building erhebt sich der 70-stöckige, schwindelerregende 368 Meter hohe Bank of China Tower, entworfen von dem Architekten I. M. Pei. Der Wolkenkratzer wurde nach Prinzipien des Feng-Shui erbaut – er soll so negative Energien der Nachbargebäude »abwehren«.

2 Shopping-Malls

Zwei der elegantesten und folglich sehr teuren Shopping-Malls in Hongkong liegen neben dem Statue Square: das geschäftige Landmark Centre und das eher ruhige Prince's Building *(siehe S. 63)*. In diesen Konsumtempeln befinden sich zahlreiche exklusive und edle Modegeschäfte, darunter Armani, Gucci und Prada, in denen man sehr viel Geld ausgeben kann.

3 The Cenotaph

An der nördlichen Stirnseite des Platzes erhebt sich der Cenotaph *(links)*, ein Denkmal für die Opfer der beiden Weltkriege.

Mehr über Hongkongs moderne Architektur **siehe S. 42f**

4 Chater Garden

Trotz höchster Grundstückspreise im Central District gibt es im kleinen, gepflegten Chater Garden *(unten)* keinen einzigen Wolkenkratzer. Einst befand sich auf dem Areal das Spielfeld des Hong Kong Cricket Club. Den Garten darf man kostenlos betreten. Hier kann man etwas trinken oder entspannen.

5 Court of Final Appeal

Hinter der HSBC-Bank liegt ein schöner, 150 Jahre alter, roter Ziegelbau, der einst als französisch-katholische Mission und als erstes Regierungsgebäude der Kolonie diente. Heute ist das Gebäude Sitz des Obersten Berufungsgerichts.

9 HSBC Bank Headquarters

Bei seiner Fertigstellung 1985 war das gewagte Gebäude von Sir Norman Foster das teuerste Bauwerk der Welt (ca. fünf Milliarden HK$). Der Bau ist angeblich der beste in Bezug auf Feng-Shui-Qualitäten. Es soll Glück bringen, die Tatzen des Löwen vor der Bank zu reiben *(oben)*.

10 Filipinos am Sonntag

Hunderte junger Filipinos und Indonesier, zumeist Hausangestellte, bevölkern an ihrem einzigen freien Tag jede Ecke des Central District.

6 Legislative Council Building

Eines der letzten Kolonialgebäude Hongkongs ist das elegante, klassizistische Legislative Council Building *(rechts)*, in dem der Oberste Gerichtshof untergebracht war. Heute tagt hier das Parlament von Hongkong.

7 Mandarin Oriental

Man glaubt kaum, dass das Mandarin Oriental einst das höchste Gebäude in Hongkong war. Heute fällt seine Fassade nicht mehr aus dem Rahmen, doch es ist nach wie vor eines der besten Hotels der Stadt.

8 Thomas-Jackson-Statue

Die Statue eines Bankiers aus dem 19. Jahrhundert ist noch erhalten. Die Statue von Queen Victoria, nach der der Platz benannt ist, wurde von der japanischen Armee demontiert.

Mehr Demokratie wagen?

Während der Übergabeverhandlungen *(siehe S. 31)* beteuerte China, dass das Parlament von Hongkong künftig genauso demokratisch sein würde wie unter britischer Verwaltung. Doch als Chris Patten, der letzte britische Gouverneur, eine breitere Parlamentsvertretung einführen wollte, nannte China ihn »eine daherstolzierende Prostituierte« und »Schlange«.

Historische Ereignisse **siehe S. 30f**

TOP 10 Happy-Valley-Pferderennen

Die Erde bebt unter den Hufen, die Sieger – Pferde wie Jockeys – werden bejubelt: Ein Abend auf der Hongkonger Pferderennbahn ist ein einzigartiges Erlebnis. Die Pferderennen in Happy Valley – das einstige Sumpfgebiet ist heute die größte Ebene von Hong Kong Island – werden schon seit 1846 abgehalten. Heute finden sie vor glitzernder Hochhauskulisse statt. Mit Sicherheit ist dies eine der aufregendsten Rennbahnen der Welt.

Siegerpferd mit Jockey

Parade vor dem Rennen

Wenn Sie nicht den ganzen Abend hier verbringen wollen, kommen Sie erst nach den ersten paar Rennen – dann ist der Eintritt frei.

Das Moon Koon Restaurant (2966 7111) im ersten Stock der Haupttribüne serviert solide und preiswerte chinesische Gerichte. An Renntagen ist eine Reservierung erforderlich.

- *etwa einen Kilometer südl. der Causeway Bay und Wanchai auf Hong Kong Island*
- *Karte P6*
- *Rennen Mi, Sa & So (Sep–Juli)*
- *Infos über Rennen unter 1817* • *www.hkjc.com* • *Eintritt 10 HK$*
- *Racing Museum: 2966 8065; Di–So 10–17 Uhr; frei*
- *Come Horseracing Tour: 2316 2151; Preise tel. erfragen*

Top 10 Rennfieber

1. Pferderennen am Mittwochabend
2. The Big Screen
3. Racing Museum
4. Aussicht vom Moon Koon
5. Come Horseracing Tour
6. Skelett von Silver Lining
7. Zuschauer
8. Wettarten
9. Wettschalter
10. Jockey-Club-Stände

1 Pferderennen am Mittwochabend

Die spannendsten Rennen finden regelmäßig alle zwei Wochen am Mittwochabend ab 19.30 Uhr statt. Um die spezielle Atmosphäre zu erleben, sollte man mit der Straßenbahn kommen. Informieren Sie sich vorab in der *Racing Post* über die Rennen.

2 The Big Screen

Der riesige Videobildschirm *(unten)* gegenüber der Tribüne zeigt alle wichtigen Daten, z. B. die Ergebnisse des letzten Rennens und die Quoten des nächsten. Alle Ereignisse auf der Rennstrecke sind live oder als Wiederholung zu sehen.

3 Racing Museum

Das kleine Museum widmet sich der Geschichte des Pferderennsports in Hongkong und zeigt eine Auswahl chinesischer Kunst, die dem Pferd huldigt. Man erfährt auch einiges über den Handel mit mongolischen und chinesischen Ponys. Das Museum ist an Renntagen leider geschlossen.

Informationen zu Pferderennen in Happy Valley
www.happyvalleyracecourse.com

4 Aussicht vom Moon Koon

Eine gute Sicht auf die Rennbahn hat man bei einem Essen im Moon Koon Restaurant (es gibt Pauschalangebote inklusive Rennen).

7 Zuschauer

In Happy Valley finden 55 000 Zuschauer Platz, doch die Rennen sind so beliebt, dass sie oft frühzeitig ausverkauft sind. Die Begeisterungsstürme der risikofreudigen, kettenrauchenden Wetter auf den Tribünen kann man besten erleben, wenn man draußen an der Bahn, in der Nähe der Ziellinie, steht.

9 Wettschalter

Wetten werden an den Schaltern auf der Rückseite jeder Etage der Haupttribüne abgewickelt. Nehmen Sie den richtigen Wettschein, füllen Sie ihn aus, und geben Sie ihn am Schalter ab. Falls Sie Glück haben, können Sie Ihren Gewinn nach einigen Minuten am selben Schalter abholen.

5 Come Horseracing Tour

Splendid Tours und Grey Line bieten an den Renntagen Mittwoch, Samstag und Sonntag diese Sightseeingtour an. Die Führung beinhaltet auch den Eintritt in die »Members' Enclosure«, ein Willkommensgetränk, Büfett und Infoheft.

6 Skelett von Silver Lining

Silver Lining, Hongkongs berühmtestes Rennpferd, gewann als erstes über eine Million HK$. Das Skelett des Pferdes wird heute stolz in einem Glaskasten im Racing Museum präsentiert.

8 Wettarten

Man setzt auf den Sieger oder macht eine Platzwette (Pferd auf dem ersten oder zweiten Platz, bei sieben Pferden auf dem ersten, zweiten oder dritten Platz). Auch Zwillingswetten (erster und zweiter Platz, Reihenfolge beliebig) oder Zwillingsplatzwetten (zwei Pferde auf eins bis drei) sind möglich.

10 Jockey-Club-Stände

Hilfe und Tipps zum Wetten erhalten Sie bei den Mitarbeitern des Jockey Club an den Ständen zwischen dem Haupteingang und der Rennbahn. Der Jockey Club ist die einzige Vereinigung, die in Hongkong eine Wettbürolizenz hat. Die hier eingenommene Steuer ist eine kleine, aber wichtige Einnahmequelle für die Stadt, wird jedoch durch illegale und Internet-Wetten bedroht. Jockey-Club-Gewinne werden stets gespendet.

Wettrekord

Der Rekordgewinn von 92 Millionen US-Dollar wurde 1997 auf der zweiten Rennbahn Hongkongs in Sha Tin erzielt: Über 350 Wetten à 1,30 HK$ erzielten je 260 000 HK$.

Pferderennen in Sah Tin **siehe S. 101**

TOP 10 Star Ferry

Die Fähren der Star Ferry Company sind eine der populärsten Attraktionen Hongkongs. Sie verkehren seit 1888 zwischen Kowloon und Hong Kong Island. Die bulligen grün-weißen Fähren aus den 1950er und 1960er Jahren werden noch immer von Pendlern genutzt, obwohl unter dem Hafen Straßen- und Zugverbindungen verlaufen. Eine Fahrt bietet eine fantastische Ansicht der Wolkenkratzer und der dschungelähnlichen Hügel. Abends taucht man hier in ein Meer aus Neonlichtern ein, vor allem in der Weihnachtszeit.

Dschunke mit »Fledermaussegel«

Mannschaft, Star Ferry

Das HKTB-Büro im Star-Ferry-Gebäude Tsim Sha Tsui liegt zentral – hier können Sie Broschüren mitnehmen, sich informieren sowie Star-Ferry-Modelle und andere Souvenirs kaufen.

Bei der Pacific Coffee Company im Inneren des Terminals kann man guten Kaffee trinken. Zudem serviert Mrs. Fields frische Limonade, dazu gibt es kostenlos Kekse.

- *Karte L4*
- *Fähren verkehren tägl. 6.30–23.30 Uhr, je nach Fahrplan alle 6–12 Minuten*
- *Hafenrundfahrten sind möglich*
- *2367 7065*

Top 10 Erlebnisse

1. Flotte
2. Clocktower
3. Star-Ferry-Mannschaft
4. Star-Ferry-Linien
5. Südliche Skyline
6. Victoria Harbour
7. Sightseeing-Schnäppchen
8. Fährendecks
9. Ocean Terminal
10. Nördliche Skyline

1 Flotte

Früher verkehrten mit Kohle befeuerte Boote zwischen Hong Kong Island und Kowloon, heute sind es zwölf mit Dieselmotoren angetriebene Fähren, die jeweils nach einem Stern benannt sind (wegen der Beleuchtung und des Smogs oft die einzigen Sterne, die man im Hafen sieht).

2 Clocktower

Der Uhrturm beim Star-Ferry-Gebäude Tsim Sha Tsui ist ein Wahrzeichen und der Überrest des alten Endbahnhofs in Kowloon. Er war einst das romantische Ziel von Festlandzügen wie dem Orient Express aus London. Der Bahnhof liegt heute weiter östlich im (nüchternen) Hung Hom.

3 Star-Ferry-Mannschaft

Zahlreiche Mannschaftsmitglieder der Star Ferry tragen noch altmodische Matrosenuniformen und sind deshalb ein begehrtes Fotomotiv für Urlauber. Achten Sie auch auf die Männer am Pier, die das Anlegetau mit einem Haken fangen.

Star Ferry Company im Internet **www.starferry.com.hk**

4 Star-Ferry-Linien

Die Star Ferries bedienen vier Routen: zwischen Tsim Sha Tsui und Central, Tsim Sha Tsui und Wanchai, Central und Hung Hom sowie Hung Hom und Wanchai.

6 Victoria Harbour

Nirgendwo auf Hongkongs Gewässern ist derart viel los wie im Victoria Harbour. Am Wochenende können Sie Hongkongs letzte Dschunke mit Segeln in Form von Fledermausflügeln im Hafen sehen.

8 Fährendecks

Ober- und Unterdeck dienten einst als Erste (oben) und Zweite Klasse (unten). Heute zahlt man oben etwas mehr für die klimatisierten Räume (in den heißen Monaten), für die bessere Aussicht auf die Stadt und – vor allem an windigen Tagen – für den Schutz vor der Meeresgischt.

9 Ocean Terminal

Etwas nördlich vom Fährhafen Tsim Sha Tsui legen die berühmtesten Kreuzfahrtschiffe der Welt an. Auch Kriegsschiffe der US-Marine sieht man hier gelegentlich.

10 Nördliche Skyline

Nähert man sich Kowloon (Hong Kong Island im Rücken), sieht man Museum of Art und Cultural Centre dicht am Wasser. Dahinter erheben sich das imposante Peninsula Hotel und westlich davon der riesige ICC Tower. Im Hintergrund sind die schroffen Hügel der New Territories zu erkennen.

5 Südliche Skyline

Fährt man durch den Victoria Harbour, erkennt man links die Glasfront und die fließenden Linien des Convention Centre *(rechts)* in Wanchai, überragt vom rund 373 Meter hohen Central Plaza. Weiter links sieht man die gezackte Bank of China sowie Streben und Stützen des HSBC Building. Ein wahrer Gigant ist der Two IFC Tower *(siehe S. 42f)*: Hong Kong Islands derzeit höchstes Gebäude ragt 420 Meter hoch in den Himmel.

7 Sightseeing-Schnäppchen

Für nur 2 HK$ (Unterdeck) bzw. 2,50 HK$ (Oberdeck) ist eine Fahrt mit der Fähre ein wahres Sightseeing-Schnäppchen.

In Hongkong unterwegs **siehe S. 138**

Top 10 Stanley

Das einst verschlafene Fischerdorf Stanley war vor der Ankunft der Briten die größte Siedlung auf Hong Kong Island. Die heutige moderne Stadt schmiegt sich an die Südküste und bietet eine willkommene Abwechslung vom Großstadtrubel. Es gibt wenig Verkehr; man lebt hier geruhsamer. Einladend sind etliche sehr gute Restaurants, schöne Strände und ein großer Markt für Kleidung, Seide und Souvenirs. In Stanley findet man auch Spuren der Kolonialzeit und alte chinesische Traditionen im Tin Hau Temple.

Markt in Stanley

Murray House

Wenn Sie Stanley abseits des Trubels erleben möchten, sollten Sie die Wochenenden meiden, da Stadt und Markt dann überfüllt sind.

Setzen Sie sich im Oberdeck des Busses nach vorn, um den Blick auf die Küstenstraße zu genießen.

The Boathouse serviert Pub-Gerichte im Freien und bietet einen schönen Meerblick *(siehe S. 77)*.

- *Karte F6*
- *Busse 6, 6A, 6X, 66 oder 260 ab Central*
- *Markt: tägl. 11–18 Uhr*

Top 10 Attraktionen

1. Markt
2. Murray House
3. Old Police Station
4. Hafenpromenade
5. Stanley Beach
6. Tin Hau Temple
7. War Cemetery
8. Stanley Fort
9. St Stephen's Beach
10. Kneipen & Restaurants

1 Markt

Relativ preiswerte Kleidung und Schuhe, aber auch viel Touristennepp findet man an den faszinierenden, klapprigen Marktständen in Stanley. Zwar ist dies nicht der günstigste oder beste Markt Hongkongs, doch man kann an Hunderten von Ständen gut stöbern, bevor man sich in einem der Cafés oder Restaurants am Wasser ausruht.

Murray House 2

Das klassizistische Haus von 1843 musste dem Bank of China Tower *(siehe S. 10)* in Central Platz machen. Seitdem steht es hier und beherbergt ein Meeresmuseum und Restaurants *(rechts)*. Am Blake Pier nebenan legen Boote zur Insel Po Toi *(siehe S. 114)* ab.

3 Old Police Station

Das hübsche Gebäude von 1859 ist die älteste erhaltene Polizeiwache in Hongkong. Im Zweiten Weltkrieg nutzten die Japaner den Bau als Hauptquartier. Heute gibt es hier ein Restaurant.

Mehr über das Murray House
www.hk-stanley-market.com/Murray-House

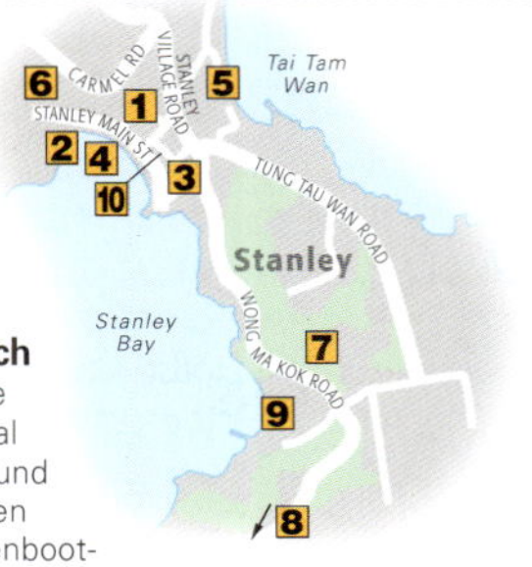

4 Hafenpromenade

Durch das hübsche Hafenviertel kann man vom Markt zum Murray House promenieren. Im Hafen lagen einst viele Dschunken und Fischerboote, heute ist er jedoch verwaist.

5 Stanley Beach

Der einladende Sandstrand ist ideal zum Schwimmen und Paddeln. Hier finden im Juni die Drachenbootrennen statt. Der Strand ist dann voller begeisterter Zuschauer.

6 Tin Hau Temple

Der Tempel (1767) ist einer der ältesten Tin-Hau-Tempel der Region. Er ist mit grimmigen Wächterstatuen, die die Meeresgöttin Tin Hau beschützen, verziert. Sein düsterer Innenraum gehört zu den stimmungsvollsten Hongkongs.

7 War Cemetery

Die meisten Gräber des Friedhofs sind Ruhestätten von Zivilisten, die im Zweiten Weltkrieg ums Leben kamen. Andere stammen aus der Kolonialzeit, als viele Siedler an Tropenkrankheiten starben.

8 Stanley Fort

Die alte britische Militärfestung an der Spitze der Halbinsel wird heute von der chinesischen Armee genutzt. Sie ist für Besucher nicht zugänglich.

9 St Stephen's Beach

Am St Stephen's Beach kann man schwimmen, segeln, Kanu fahren und an öffentlichen Plätzen grillen. Alles, was Sie hierfür benötigen, erhalten Sie in den Läden von Stanley.

10 Kneipen & Restaurants

Eine der größten Attraktionen von Stanley ist das exzellente Angebot an Restaurants und Kneipen *(siehe S. 77)*. An der Stanley Main Street findet man von italienischen bis zu vietnamesischen Restaurants mit Meerblick und Terrassen für jeden Geschmack etwas.

Kriegsopfer

Nachdem die Japaner 1941 Hongkong überrannt hatten *(siehe S. 74)*, mussten internierte Zivilisten drei Jahre lang unter schlechter Behandlung, Hunger und Folter leiden. Tausende von Soldaten und Zivilisten, die im Krieg starben, wurden auf dem Friedhof in Stanley begraben.

Spaziergänge & Promenaden in Hongkong **siehe S. 46f**

Temple Street Night Market

Unter dem gleißenden Licht Tausender Glühbirnen drängen sich Besucher wie Einheimische zwischen den Marktständen in den überfüllten Gassen an der Temple Street in Yau Ma Tei. Hier gibt es eine schwindelerregende Auswahl an Billigkleidung, Schuhen, Accessoires, gefälschten Markenartikeln und CDs, Nippes sowie jede Menge Schund. Die Preise sind etwas höher als in Shenzhen oder auf einigen der kleinen Märkte Hongkongs, doch die Atmosphäre ist einzigartig.

Seidenjacke

Beim Shoppen

Am besten schlendern Sie vom oberen Ende her durch den Night Market: Fahren Sie mit der MTR zur Station Yau Ma Te und gehen Sie ab Portland Street nach Süden. So erreichen Sie nach dem Einkaufsbummel über den Markt die Lokale, Hotels und Bars von Tsim Sha Tsui.

Essen Sie etwas an den Dai Pai Dongs (Garküchen).

- *Karte M1/M2*
- *Der Markt öffnet um 16 Uhr, erwacht aber erst nach 19 Uhr zum Leben und dauert bis 24 Uhr*

Top 10 Sehenswert

1. Wahrsager
2. Kanton-Oper auf der Straße
3. Dai Pai Dongs
4. Imbisse in der Reclamation Street
5. Uhren
6. Mode
7. Lederwaren
8. Schuhe
9. Accessoires
10. Trödel

1 Wahrsager

Ein gutes Dutzend Wahrsager bietet seine Dienste an der Kreuzung von Temple und Market Street an. Die meisten lesen aus Gesicht oder Hand. Die weißen Finken in den Käfigen picken aus einem Kartenspiel Glückskarten heraus.

2 Kanton-Oper auf der Straße

Bei den Wahrsagerbuden geben an manchen Abenden Musiker und Sänger Arien beliebter Kanton-Opern zum Besten.

3 Dai Pai Dongs

Aufgrund strenger Hygienevorschriften sieht man die Garküchen eher selten. Einige haben in der Temple Street überlebt. Probieren Sie Pfannkuchen, Fischbällchen, Seafood-Kebabs oder eines der vielen Gerichte mit Fleisch.

An den Dai Pai Dongs zeigt man einfach mit dem Finger auf das, was man gern essen möchte.

4 Imbisse in der Reclamation Street

Falls Sie an den Dai Pai Dongs nicht satt geworden sind, kosten Sie die Nudel- und Reisgerichte an den Imbissständen der Reclamation Street. Achten Sie nicht auf Tischmanieren anderer Gäste – hier wird Unverdauliches ausgespuckt bzw. fallengelassen.

5 Uhren

Die meisten Uhren dürften funktionieren – ohne Garantie. Die heimischen Marken und europäischen Fälschungen sind meist preiswert. Ein Stand bietet auch echte gebrauchte Ware an.

6 Mode

Zwischen all dem Polyester kann man auch preisgünstige T-Shirts, Seidenwaren, mit Perlen besetzte Tops und Baumwollkleidung kaufen. Beachten Sie den Stand an der Ecke Kansu Street. Weiter südlich kann man Hosen maßschneidern lassen.

7 Lederwaren

Die Temple Street ist keine besonders gute Adresse für Lederwaren, Gürtel sind jedoch preiswert. Es gibt außerdem Lederhandtaschen, u. a. nachgemachte Modelle von Gucci, Elle und Burberry, die mal mehr, mal weniger echt wirken.

8 Schuhe

Von spottbilligen Gummisandalen bis hin zu Wildleder- und Lederschuhen – günstiges Schuhwerk gibt es fast überall in der Temple Street zu kaufen. Allerdings ist die Auswahl begrenzt und der Stil – teilweise gibt es kopierte Designermodelle – nicht sehr elegant. Werfen Sie auch einen Blick in die Läden hinter den Ständen.

Feilschen

Vergessen Sie nicht: Die angeschriebenen oder genannten Preise sind nur ein Vorschlag – die ausgestellten Waren sind in China weitaus günstiger. Feilschen Sie hart – freilich immer mit einem Lächeln –, denn der Händler macht in jedem Fall ein Geschäft. Ihr Startangebot sollte unbedingt unter der Hälfte des ausgezeichneten oder genannten Preises liegen.

9 Accessoires

Billige Sonnenbrillen findet man hier im Überfluss. Auch der Kauf bestickter und mit Perlen besetzter Hand- oder Umhängetaschen kann sich lohnen.

10 Trödel

Mao-Souvenirs, alte Poster, Münzen, Opiumpfeifen und Jade findet man in der Public Square Street. Im Norden der Temple Street gibt es auch Comic-Artikel aus Plastik, Afro-Ken- und Pokémon-Objekte sowie Hello-Kitty-Uhren.

Mehr Märkte in Hongkong **siehe S. 38f**

TOP 10 Heritage Museum

Das moderne Museum am Stadtrand von Sha Tin in den New Territories ist eines der besten von Hongkong. Das 2000 eröffnete Heritage Museum widmet sich in sechs Dauerausstellungen der Kultur, Kunst und Naturgeschichte von Hongkong und den New Territories. Audiovisuelle Exponate, diverse Wechselausstellungen und interaktive Angebote für Kinder sorgen für einen abwechslungsreichen Besuch.

Fotografie von Tai O, 1966

Museumseingang

Kombinieren Sie den Museumsbesuch mit einem Ausflug zu den Pferderennen in Sha Tin *(siehe S. 101)*. Der Eintritt in das Heritage Museum ist mittwochs frei.

In der Lobby gibt es ein kleines Café und einen Laden.

- *1 Man Lam Road, Sha Tin, New Territories*
- *Karte E3*
- *2180 8188*
- *MTR bis Kowloon Tong, dann Bus 80M*
- *MTR bis Che Kung Temple, dann fünf Minuten zu Fuß*
- *Mo, Mi–Sa 10–18 Uhr, So & Feiertage 10–19 Uhr*
- *Eintritt 10 HK$ (Mi frei)*

Top 10 Ausstellungen

1. Architektur & Design
2. Orientation Theatre
3. Children's Discovery Gallery
4. Cantonese Opera Hall
5. Wechselausstellungen
6. Chao Shao-an Gallery
7. Innenhof
8. New Territories Culture
9. New Territories History
10. TT Tsui Gallery

1 Architektur & Design

Das Heritage Museum folgt dem traditionellen chinesischen Stil des *Si He Yuan* und wurde um einen Innenhof errichtet – wie ein Dorf in den New Territories *(siehe S. 104)*.

Legende

- Erdgeschoss
- Erster Stock
- Zweiter Stock

3 Children's Discovery Gallery

Die bunt gestaltete Ausstellung führt Kinder unterhaltsam in Natur und Archäologie der Region sowie in die Geschichte des Spielzeugs ein. Ausstellungen zum Mitmachen und 3-D-Modelle sind bei Kindern beliebt.

2 Orientation Theatre

Einen ersten Überblick über das Museum vermittelt das Orientation Theatre im Erdgeschoss gegenüber der Kasse. Ein Film auf Englisch und Chinesisch erläutert die Arbeit und die Ausstellungen des Museums.

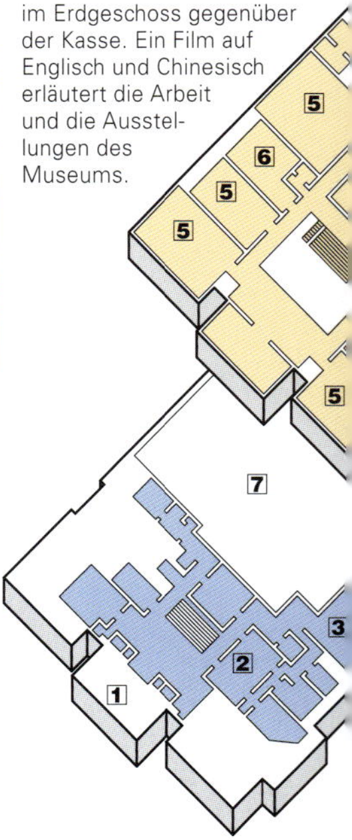

Heritage Museum im Internet **www.heritagemuseum.gov.hk**

5 Wechselausstellungen
Fünf Räume im ersten und zweiten Stock präsentieren thematische Wechselausstellungen – von Populärkultur über zeitgenössische Kunst und gesellschaftliche Aspekte der Metropole bis hin zu alter chinesischer Kunst und Geschichte.

4 Cantonese Opera Hall
Kanton-Opern sind vielen eher unbekannt, doch die prächtigen Kostüme, das ausgeklügelte Bühnendekor, die Akrobatik und Potpourris aus den Operntraditionen von Guangdong und Guangxi sind faszinierend.

6 Chao Shao-an Gallery
Die feinen Tuschezeichnungen auf Rollbildern des einst in Hongkong lebenden Künstlers Chao Shao-an sind über China hinaus bekannt. Gezeigt werden etliche seiner Werke *(links)*.

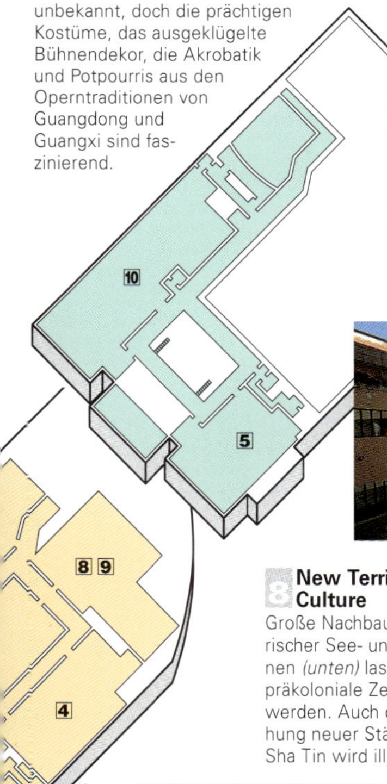

8 New Territories Culture
Große Nachbauten historischer See- und Dorfszenen *(unten)* lassen die präkoloniale Zeit lebendig werden. Auch die Entstehung neuer Städte wie Sha Tin wird illustriert.

7 Innenhof
Frische Luft inmitten interessanter Umgebung bietet der schattige Innenhof *(oben)* in der Mitte des Gebäudes.

9 New Territories History
Die vielfältige Tier- und Pflanzenwelt der Region wird neben 6000 Jahre alten Spuren der ersten Menschen in Hongkong gezeigt.

10 TT Tsui Gallery
Die Kunstwerke von der Jungsteinzeit bis ins 20. Jahrhundert umfassen Keramiken, Bronze-, Jade- und Steinarbeiten, (Lack-)Möbel und religiöse Statuen aus Tibet.

Hongkongs erste Siedler
Im Saal »New Territories History« wird die nebulöse Geschichte der ersten Menschen in Hongkong erzählt. Die Siedler der Bronzezeit hinterließen vor über 4000 Jahren an verschiedenen Orten Äxte und Pfeilspitzen – und einige geheimnisvolle Felszeichnungen. Ausgrabungen auf Lamma Island erbrachten Funde einer älteren Steinzeitkultur, die vor über 6000 Jahren existierte.

Völker & Kulturen in Hongkong **siehe S. 34f**

TOP 10 Küste von Tai Long Wan

Die einsamen und wunderschönen Strände am östlichen Rand der wilden Halbinsel Sai Kung liegen nur wenige Kilometer von Hongkong entfernt – eine ganz andere Welt, mit versteckten Seen und kleinen Cafés. Es gibt keine Eisenbahnverbindung und nur wenige Straßen. Besucher müssen früh aufbrechen, mit dem Bus nach Sai Kung und weiter nach Pak Tam Au fahren und schließlich sechs Kilometer zu Fuß zum Strand gehen – oder man mietet eine Dschunke.

Ham Tin Bridge

Strand in Ham Tin

Informieren Sie sich mit dem *Discover Hongkong's Nature* des HKTB.

Essen kann man im Strandcafé – oder Sie kaufen in Sai Kung für ein Picknick ein.

- *Karte H3*
- *Nehmen Sie den häufig verkehrenden Bus 92 von der MTR-Station Diamond Hill nach Sai Kung, von dort den Bus 94 (alle 30 Min., So Bus 96R) nach Pak Tam Au. Die Buslinie 7 fährt ebenfalls von Sai Kung nach Pak Tam Au. Von Kowloon oder Central dauert die Fahrt rund 90 Minuten bis zum Beginn eines Wegs, von dem aus es zu Fuß 30 Minuten zum Strand sind*
- *Dschunken-Miete ab 5500 HK$ am Tag; Anbieter in den Yellow Pages*

Top 10 Attraktionen

1. Strände
2. Badeseen
3. Strandcafés
4. Von Ham Tin nach Tai Long
5. Surfen
6. Dschunken
7. Hakka-Fischer
8. Camping
9. Sharp Peak
10. Ham Tin Bridge

1 Strände

In Tai Long Wan gibt es drei schöne Strände: Tai Wan ist der einsamste; Ham Tin, der kleinste von ihnen, bietet ein gutes Café und einen Campingplatz; am Strand von Tai Long Sai Wan herrscht mit Abstand am meisten Trubel.

2 Badeseen

Die malerischsten Plätze dieser Region sind die Wasserfälle und natürlichen Badeseen *(links)*. Man erreicht sie über einen Pfad, der neben dem kleinen Fluss am nordwestlichen Ende des Strands in Tai Long Sai Wan beginnt.

3 Strandcafés

Nudeln, Reisgerichte und Getränke werden in den bescheidenen, günstigen Cafés in Tai Long Sai Wan und im Hoi Fung Café in Ham Tin angeboten.

Die Website des AFCD bietet unter »Sai Kung East« detaillierte Informationen **www.afcd.gov.hk**

4 Von Ham Tin nach Tai Long

Der steile, einen Kilometer lange Weg zwischen Ham Tin und Tai Long Sai Wan bietet Aussicht auf Ham Tin, Tai Wan und die Berge dahinter.

5 Surfen

Tai Wan bietet eine gute Brandung; Bodyboard-Surfing ist eigentlich immer möglich. Wenn es durch einen Sturm größere Wellen gibt, macht das Surfen richtig Spaß.

6 Dschunken

Die meisten Privatdschunken zum Mieten ankern vor Tai Long Sai Wan. Die Passagiere gehen mit Beibooten an Land, deshalb herrscht an diesem Strand am meisten Betrieb.

7 Hakka-Fischer

Das Dorf Tai Long *(oben)* war vielleicht schon zu Urzeiten besiedelt. Bis in die 1950er Jahre, als die meisten Bewohner in die Stadt zogen, war dies ein lebendiges Hakka-Fischerdorf. Heute trifft man nur noch auf alte Leute.

Camping 8

Die Gegend direkt östlich des Dorfs Ham Tin ist der beste Platz für Camper *(rechts)*. Hier gibt es ebenen Boden, öffentliche Toiletten und einen Bach, aber keine Hotels.

9 Sharp Peak

Der 468 Meter hohe Gipfel des Sharp Peak ist in Ham Tin und Tai Wan deutlich zu sehen. Der mühsame Aufstieg über den steilen Hang wird mit einer schönen Aussicht auf die Halbinsel belohnt.

10 Ham Tin Bridge

Wenn Sie keine nassen Füße bekommen wollen, erreichen Sie das Dorf Ham Tin vom Strand aus nur über eine wackelige Brücke – ein faszinierendes Provisorium aus Treibholz und Holzresten.

Ausflug

Vom Dorf Sai Wan führt ein Panoramaweg nach Südwesten um das High Island Reservoir. Auf der Hauptstraße außerhalb von Pak Tam Chung besteht die Möglichkeit, mit Bus oder Taxi zurück nach Sai Kung zu fahren. Im schlimmsten Fall müssen Sie mit einem fünfstündigen Fußmarsch rechnen.

Mehr über die Küste **www.hkoutdoors.com**

Cheung Chau Island

Die winzige, einladende Insel liegt westlich von Hongkong. Sie ist mit der Fähre in einer halben Stunde erreichbar und das ideale Ausflugsziel, um der Hitze und dem Lärm der Stadt zu entkommen – außer an Wochenenden, wenn halb Hongkong hierherpilgert. In den engen Straßen, kleinen Läden und Tempeln des alten Piraten- und Fischernests hat sich das Flair des alten Hongkong erhalten. Die Insel lässt sich an einem Tag erkunden. Hier kann man auch preiswert Fisch essen und an schönen Stränden baden.

Löwe, Pak Tai Temple

Cheung-Chau-Hafen

Um die Insel kennenzulernen, mieten Sie gegenüber dem Basketballplatz am Pak Tai Temple ein Fahrrad. Das Cheung Chau Bun Festival findet immer Anfang Mai statt (Infos unter www.hktb.com).

Das Morocco's (2986 9767) an der Fähranlegestelle serviert abends gute indische, thailändische und westliche Küche. Marokkanische Gerichte sucht man hier allerdings vergebens.

- *Karte C6*
- *Fähren verkehren tägl. alle 30 oder 60 Minuten von den Piers zu den Inseln*

Top 10 Inselwelt

1. Pak Tai Temple
2. Hafen
3. Ehrwürdiger Banyan-Baum
4. Tung Wan Beach
5. »The Peak«
6. Piratenhöhle
7. Windsurfing Centre
8. Boatbuilding Yard
9. Fischrestaurants
10. Alte Felszeichnungen

1 Pak Tai Temple

Der renovierte Tempel ist Pak Tai geweiht, dem Schutzgott von Cheung Chau, der die Inselbewohner vor der Pest bewahrt haben soll. Der Tempel ist Mittelpunkt des alljährlichen Bun Festival *(siehe S. 36)*, bei dem turmhoch aufgeschichtete Brötchen als Opfergabe dargebracht werden. Das Fest erinnert einerseits an die Pestzeit, andererseits will man damit die Geister von Piratenopfern besänftigen und fernhalten.

2 Hafen

Die Fischfangindustrie spielte in Hongkong einst eine wesentlich größere Rolle, doch noch heute laufen viele Boote aus Cheung Chaus Taifunschutzbecken aus. Am Wasser kann man günstig Fahrräder mieten.

3 Ehrwürdiger Banyan-Baum

An der Tung Wan Road steht ein Baum *(unten)*, der als die Quelle des Glücks von Cheung Chau gilt. Der Baum wird von den Einheimischen so sehr verehrt, dass bei einer Straßenverbreiterung ein Restaurant und nicht der Baum weichen musste.

Mehr über das Bun Festival auf Cheung Chau **siehe S. 36**

4 Tung Wan Beach

Der schönste Strand liegt an der Ostküste, nur 150 Meter von der Fähranlegestelle der Westküste entfernt *(oben)*. Er ist bewacht und hat Anti-Hai-Netze.

5 »The Peak«

Ein Spaziergang hügelaufwärts auf Don Bosco und Peak Road führt an einigen reizvollen Kolonialhäusern vorbei. Der Friedhof an der Peak Road bietet einen grandiosen Blick aufs Meer.

6 Piratenhöhle

Die Höhle ist eher ein Loch bzw. eine Felsspalte: Hier soll der Seeräuber Cheung Po Tsai im 19. Jahrhundert seine Beute versteckt haben. Die Höhle erkundet man mit einer Fackel. Die Aussicht ist fantastisch.

7 Windsurfing Centre

Die Familie des Olympia-Goldmedaillengewinners Lee Lai-Shan betreibt das Windsurfing Centre und ein Café bei Tung Wan.

8 Boatbuilding Yard

Am Nordende des Hafens befindet sich eine Werft, in der Dschunken gebaut und Netze geflickt werden. Achten Sie auf die Eisbrocken, die über eine Rampe in die Boote rumpeln.

9 Fischrestaurants

Direkt am Wasser entlang der She Praya Road nördlich und südlich der Fähranlegestelle gibt es zahlreiche Restaurants. Wählen Sie den Fisch oder die Meeresfrüchte aus dem Wassertank *(oben)* aus. Hier isst man preiswerter als z. B. auf Lamma.

10 Alte Felszeichnungen

In der Region gibt es mehrere Felszeichnungen unmittelbar am Meer. In Cheung Chau sind Einritzungen direkt unterhalb des Warwick Hotel zu sehen. Welches Volk die Werke vor 3000 Jahren schuf, ist noch immer ein Geheimnis.

Pfade & Wege

Ein Fußpfad schlängelt sich am südlichen Rand der Insel entlang. Abstecher führen auf die Klippen und zum kleinen Tin Hau Temple am winzigen Moring Beach. Südwestlich davon kommt man auf der Peak Road an einem Friedhof vorbei und anschließend zu dem kleinen Hafen von Sai Wan. Ein Sampan bringt Besucher von dort wieder zurück zum Pier des Dorfs Cheung Chau.

Folgende Doppelseite **Big Buddha in Po Lin auf Lantau**

TOP 10 Big Buddha & Po Lin Monastery

Das einst bescheidene Kloster Po Lin auf Lantau Island, das von drei Mönchen errichtet wurde, ist heute ein bedeutender Tempel. Glanzvolles Highlight ist eine riesige Buddha-Statue gegenüber dem Kloster, die von den Gläubigen verehrt wird und eine der beliebtesten Attraktionen Hongkongs ist. Die Statue thront auf einem Sockel, zu dem 260 Stufen führen: Bei gutem Wetter kann man hier oben den Blick über die Täler, Seen und Berge von Lantau schweifen lassen.

Zentraler Hof

Blick auf den Big Buddha

Wenn Sie Frühaufsteher sind, sollten Sie eine Nacht im Hong Kong Bank Foundation S G Davis Youth Hostel (2985 5610) bei den Teegärten verbringen und den Sonnenaufgang auf dem Lantau Peak bewundern.

Falls Sie keine Lust auf die preiswerte vegetarische Küche im Tempel haben, machen Sie ein Picknick: gute Plätze liegen an den Wegen.

• Karte B5 • MTR nach Tung Chung, dann Bus 23 oder Bus 2 von der Fährablegestelle in Mui Wo auf Lantau Island • MTR nach Tung Chung, dann Ngong Ping 360 Cable Car zum Dorf; Cable Car: Mo–Fr 10–18 Uhr, Sa, So & Feiertage 9–18.30 Uhr; einfache Fahrt 74 HK$, Hin- & Rückfahrt 107 HK$ • Kloster: tägl. 9–18 Uhr; Big Buddha: tägl. 10–18 Uhr • frei

Top 10 Attraktionen

1. Big Buddha
2. Po Lin Monastery
3. Teegärten
4. Ngong Ping 360 Cable Car
5. Great Hall
6. Bodhisattvas
7. Reliquie in der Buddha-Statue
8. Fußpfad nach Tung Chung
9. Mönche & Nonnen
10. Tempeleingang

1 Big Buddha

Mit einer Höhe von 34 Metern gehört diese Statue zu den größten sitzenden Buddhas der Welt. Die Statue wurde aus mehr als 220 Teilen gefertigt und ruht auf einem Lotosthron, dem buddhistischen Reinheitssymbol.

2 Po Lin Monastery

Buddhistische Mönche wurden zu Beginn des 20. Jahrhunderts von der Ruhe auf Lantau angezogen: Das Kloster Po Lin (»Schöner Lotos«) entwickelte sich in den 1920er Jahren zur Pilgerstätte, als die Great Hall erbaut und der erste Abt ernannt wurde.

3 Teegärten

In den Teegärten westlich der Buddha-Statue wird Tee angebaut. Das Café verkauft Teesorten der Plantage und lädt zu einer Ruhepause im Schatten ein. Hier kann man etwas trinken oder ein preiswertes chinesisches Essen genießen.

Weitere Sehenswürdigkeiten auf Lantau **siehe S. 112–117**

4 Ngong Ping 360 Cable Car

Die Cable-Car-Fahrt von Tung Chung nach Po Lin ist ein Erlebnis. Auf dem 5,7 Kilometer langen, 25-minütigen Trip hat man eine tolle Sicht auf den North Lantau Country Park und das Südchinesische Meer *(siehe S. 55)*.

5 Great Hall

In der Haupttempelhalle gibt es drei große goldene Buddha-Bildnisse. Achten Sie auf die Deckengemälde, die Friese an der Fassade sowie die lotosförmigen Fußbodenkacheln.

6 Bodhisattvas

Zu beiden Seiten der Treppen befinden sich Statuen von Bodhisattvas. Sie werden verehrt, weil sie den Menschen auf dem Weg zur Erleuchtung helfen sollen. Werfen Sie eine Münze in ihre hohle Hand – es bringt Glück.

7 Reliquie in der Buddha-Statue

In dem Buddha-Bildnis wird eine Reliquie von Buddha (ein Zahn in einem Kristallkästchen) aufbewahrt, die selten zu sehen ist. Unter der Statue werden das Leben Buddhas und seine Erleuchtung dargestellt.

8 Fußpfad nach Tung Chung

Auf dem hübschen Weg (7 km) durch das Tung-Chung-Tal kommt man zur MTR-Station Tung Chung zurück – vorbei an einigen kleinen Klöstern wie Lo Hon, die vegetarisches Essen anbieten.

9 Mönche & Nonnen

Sie sehen die kahlköpfigen Mönche und Nonnen vielleicht beim Gebet im alten Tempel hinter dem Haupttempel. Besuchern ist der Zugang während der 15-Uhr-Gebete untersagt.

10 Tempeleingang

Der von zwei Löwen bewachte Eingang symbolisiert das Südtor des buddhistischen Himmels. Er ist (wie auch andere Gebäudeteile) mit nach links gewinkelten Swastiken (heiligen buddhistischen Kreuzsymbolen) verziert. Die drei chinesischen Schriftzeichen über dem Eingangstor bedeuten schlicht »Po-Lin-Kloster«.

Falun Gong & der Big Buddha

2000 protestierte Po Lins Abt bei einem Besuch in China gegen Falun Gong, eine Sekte, die in China unterdrückt wird. Die örtlichen Mitglieder der als »Kult des Bösen« verschrienen Sekte hielten daraufhin am Big Buddha eine Demonstration ab, um zu zeigen, dass ihre dem Tai Chi ähnlichen Übungen kein Teufelswerk, sondern Bewegungsmeditationen sind.

Links **Kolonialzeit** Mitte **Chinesische Flüchtlinge an der Grenze, 1950** Rechts **Chris Patten**

Top 10 Historische Ereignisse

1 4000 v. Chr.: Erste Bewohner

Archäologen haben nachgewiesen, dass die Küsten von Hong Kong Island und den New Territories schon vor mehr als 6000 Jahren besiedelt waren. Es wurden Artefakte einer nordchinesischen Steinzeitkultur gefunden. Übrigens würde man die Ernährung der frühen Einwohner heute missbilligen – Knochenfunde zeigen, dass sie Delfine verspeisten.

2 1127: Mongoleneinfall

Als plündernde Mongolen die Kaiserfamilie der Song-Dynastie aus der Reichshauptstadt Kaifeng vertreiben, entkommt eine Prinzessin in das ummauerte Dorf Kam Tin in den New Territories, wo sie in die mächtige Tang-Sippe einheiratet.

3 1841: Briten erobern Hong Kong Island

Während des Ersten Opiumkriegs zwischen China und Großbritannien handelt Marinekapitän Charles Elliot ein Abkommen über die Abtretung Hongkongs, das zu der Zeit rund 8000 Einwohner hat, an die Briten aus.

Pirat im 19. Jahrhundert

China und England kämpfen jedoch weiter um andere chinesische Handelsstädte. Durch den Vertrag von Nanking 1842 wird Hongkong offiziell britische Kronkolonie.

4 1860: Landnahme

Mehr als 86 000 Menschen leben auf der Insel, das Land wird knapp. Nach mehreren Auseinandersetzungen zwischen China und Großbritannien werden die Halbinsel Kowloon und Stonecutter's Island an Großbritannien abgetreten.

5 1898: 99-Jahre-Vertrag

Die Briten bauen Hongkong zur Festung aus: Lyemun am Ostzipfel der Insel ist mit Kanonen und den weltweit ersten Zieltorpedos ausgerüstet. Hongkongs (Wasser-)Versorgung wird durch den 99-Jahre-Pachtvertrag (New Territories und 235 Inseln) vom 1. Juli in Peking gesichert.

6 1941: Japanische Besatzung

Hongkongs Kanonen sind auf das Meer gerichtet, doch die Japaner greifen vom Land her an. Sie

Links **Japanische Kriegsgefangene der Briten, 1945** Rechts **Hongkong um 1950**

Kultur & Gesellschaft **www.hongkong-gesellschaft.de**

Chinesische Soldaten nach der Übergabe

durchbrechen die Frontlinie »Gin Drinkers Line«, ein Durcheinander an Bunkern. Die Stadt kapituliert zwei Tage vor Weihnachten. Es beginnt eine brutale, drei Jahre andauernde Besatzung.

7 1950: Wirtschaftswunder

Hongkongs Wirtschaftswunder beginnt mit dem Zuzug Arbeit suchender chinesischer Flüchtlinge. Die Stadt entwickelt sich zu einem Industriezentrum.

8 1997: Übergabe

Infolge der 1984 verfassten chinesich-britischen Erklärung, in der Deng Xiaoping mit der Doktrin »Ein Land, zwei Systeme« Hongkong ein hohes Maß an Autonomie zusicherte, übernimmt am 1. Juli 1997 die Volksrepublik China die Kontrolle über Hongkong. Die Zeremonie sorgt nach Jahren mit verhärteten Fronten für politische Entspannung.

9 1998: Finanzkrise

Die asiatischen »Tigerstaaten« schlittern nach Jahren übermäßiger Inanspruchnahme von Krediten in eine Finanzkrise. Hongkong trifft es nicht so hart wie andere Länder, doch das Börsengeschehen macht sich auch hier bemerkbar.

10 2008: Allgemeines Wahlrecht

Mit Demonstrationen fordert die Demokratiebewegung das allgemeine Wahlrecht bei den Parlamentswahlen 2012, das China den Bewohnern Hongkongs jedoch erst 2017 gewähren will.

Top 10 Historische Persönlichkeiten

1 Jorge Alvares
1513 ist der portugiesische Entdecker der erste Europäer in Hongkong.

2 Cheung Po Tsai
Der »Piratenkönig« von Lantau setzt den international agierenden Kaufleuten 1810 sehr zu.

3 Lin Zexu
Der Beamte Lin Zexu wird 1839 vom chinesischen Kaiser beauftragt, den illegalen Handel mit von Briten importiertem Opium zu unterbinden.

4 Captain Charles Elliot
Captain Charles Elliot nimmt Hong Kong Island 1841 für Großbritannien in Besitz.

5 Sir Henry Pottinger
Pottinger wird der erste Gouverneur, doch er ignoriert den illegalen Opiumhandel.

6 Dr. Sun Yat-sen
Der Reformer beschreibt China in einem Vortrag an der Hong Kong University 1923 als »chaotisch und korrupt«. Die Kolonie wird wirtschaftlich boykottiert.

7 Rensuke Isogai
1941 beginnt der Militärbefehlshaber seine grausame Herrschaft als japanischer Gouverneur im Krieg.

8 Deng Xiaoping
Der zwischen 1979 und 1997 mächtigste Mann Chinas hält sich an die Übergabevereinbarungen von 1984.

9 Chris Patten
Der letzte britische Gouverneur Chris Patten verabschiedet sich 1997.

10 Donald Tsang Yam-kuen
Der Regierungschef von Hongkong übernahm das Amt 2005.

Die Regierung in Hongkong **www.gov.hk**

Links **Präparate aus der traditionellen Medizin** Mitte **Dschunke** Rechts **Tai Chi Chuan**

TOP 10 Das ursprüngliche China entdecken

1 Opernabend

Kanton-Opern mögen für ungeübte Ohren wie schräges Kreischen klingen – doch dahinter verbirgt sich eine hohe und alte Kunst mit Gesang, Mimik, Tanz und Kampfsport sowie tollen Kostümen und Masken. Die Opern dauern mitunter über sechs Stunden. Infos über Aufführungen erteilt das HKTB *(siehe S. 139)*.

Operndarsteller

2 Fahrt mit der Dschunke

So ziemlich jeder kennt die Bilder von Dschunken mit blutroten Segeln, die vor der untergehenden Sonne im Victoria Harbour verkehren. Die Bilder zeigen jedoch meist dasselbe Boot: Die wunderbar restaurierte *Duk Ling* (»clevere Ente«) ist eine der wenigen erhaltenen Segel-Dschunken. ✎ *Rundfahrten von Central Pier 9, Hong Kong Island Do 14 & 16 Uhr, Sa 11 & 12 Uhr • bitte vorab buchen • 2508 1234 • Eintritt*

3 Dim Sum

Dim Sum heißt wörtlich »kleine Herzerwärmer«: Die kleinen gedünsteten oder auch gebratenen Snacks, meist in Form von Teigtaschen mit allen möglichen Füllungen, werden in Bambuskörbchen auf kleinen Wagen von oft kauzigen alten Frauen angeboten.

Dim Sum

4 Marktbesuch

Hongkongs Märkte können für an Supermärkte gewöhnte Urlauber ein Kulturschock sein. Man sieht hier blutige Abwässer, Innereien, überall Fliegen, Straßenhändler, die lautstark ihre Angebote anpreisen, sowie feilschende Hausfrauen.

5 Traditionelle Tonika

Wer ein typisch chinesisches Getränk probieren möchte, sollte an einem Straßenstand eine Tasse des dort angebotenen Kräutertees kosten. Für dieses bittere Gebräu werden Kräuter verwendet, die in der traditionellen chinesischen Medizin entweder als »kühlend« oder als »wärmend« eingestuft werden. Lo Cha Di Yat Ka beschreibt alle Angebote in englischer Sprache. ✎ *Ecke Luard & Hennessy Rd, Wan Chai • Karte N6*

6 Fußreflexzonenmassage

Kräftige Hände suchen mit Organen verbundene Druckpunkte. Das ist mitunter schmerzhaft, doch hinterher fühlt man sich großartig. Reflexzonenmassagen gibt es vor allem in Happy Valley und bei Wo Tong. ✎ *1/F Lai Shing Bldg, 13–19 Sing Woo Rd (drei weitere Filialen) • 2893 0199*

Beliebte Dim-Sum-Vorspeisen **siehe S. 51**

Links **Chinesisches Neujahr** Rechts **Markt**

7 Auf Zen-Suche

Eine moderne Version des alten China findet man im Chi-Lin-Nonnenkloster in Kowloon. Der wunderbare Nachbau eines Klosterkomplexes aus der Tang-Dynastie (618–907 n. Chr.) wurde in zehn Jahren mit traditionellen Techniken und Materialien errichtet. Beim Gesang der kahlköpfigen Nonnen vor dem Sakyamuni-Buddha soll man Glückseligkeit finden *(siehe S. 96)*.

8 Schlangengalle

She Wong Lam im Nordosten von Hong Kong Island ist der Ort, um Schlangenwein zu trinken, ein traditionelles Wintertonikum. Der Trunk ist ein scharfes Gebräu aus der Gallenblase von fünf Giftschlangen. ✆ *Hillier St, Sheung Wan • Karte K5 • 2543 8032*

9 Löwentanz

Löwen sollen das Böse abschrecken und Glück bringen: Kein Wunder, dass die Eröffnung eines Neubaus oft mit einer unter einem Pappmaschee-Löwenkopf tanzenden Schauspieltruppe gefeiert wird. Löwentänze gibt es vor allem beim chinesischen Neujahrsfest *(siehe S. 36)*.

10 Tai Chi Chuan

Montags, mittwochs oder freitags erhalten Sie um 8 Uhr im Sculpture Court im Museum of Art *(siehe S. 82)* in Tsim Sha Tsui eine kostenlose Unterrichtsstunde in der sanftesten aller Kampfsportarten. ✆ *Karte M4*

Top 10 Wege, sich wohlzufühlen

1 Wellness für jeden

Entspannen Sie im luxuriösen ESPA-Spa des Hotels Peninsula. ✆ *2920 2888*

2 Tiefenmassage

Genießen Sie eine chinesische Tiefenmassage zur Kreislaufstärkung. ✆ *Wo Tong (siehe Fußreflexzonenmassage)*

3 Sauerstoff

Gönnen Sie sich in der »Sauerstoffbar« bei Oxyvital in Central ein paar Züge frischer, reiner Atemluft.

4 Nassrasur

Nach einer Shanghai-Rasur im Mandarin Oriental ist das Männergesicht glatt wie ein Babypo. ✆ *2825 4800*

5 Liebestrank

Stärken Sie Ihr Stehvermögen mit einem Liebestrank aus den vielen chinesischen Medizinläden.

6 Geomantie

Lassen Sie sich von einem Feng-Shui-Experten beraten, ob ihr Haus und ihr Garten in Einklang mit den Elementen stehen. ✆ *Raymond Lo: 2736 9568*

7 Akupunktur

Entspannen Sie sich bei einer Behandlung mit Akupunkturnadeln. ✆ *Wo Tong (siehe Fußreflexzonenmassage)*

8 Plateau

Genießen Sie das Spa mit Außenpool im elften Stock des Grand Hyatt. ✆ *2368 3500*

9 Fußpflege

Die traditionelle Shanghai-Pediküre im Mandarin Oriental ist fantastisch. ✆ *2825 4800*

10 Alternativmedizin

Lassen Sie sich von einem Arzt mit traditioneller chinesischer Medizin behandeln. ✆ *Dr Troy Sing: 2526 7908*

Hongkongs beste Märkte **siehe S. 38f**

Links **Chinesische Fischer** Rechts **Schulmädchen**

TOP 10 Völker & Kulturen in Hongkong

Chinesen beim Schachspiel

1 Chinesen
Zur Geschichte der Kanton-Chinesen gehören Revolution, Flucht, organisierte Kriminalität und steter Handel. In Hongkong bilden die Kanton-Chinesen die Bevölkerungsmehrheit. Zudem gibt es große Gemeinden aus Shanghai, Hakka (Keijia) und Chiu Chow (Chaozhou).

2 Briten
Die Kolonialherrschaft ist vorüber, doch eine große britische Bevölkerungsgruppe ist in Hongkong geblieben, darunter eine einflussreiche Minderheit hier geborener Briten. Deren Einfluss macht sich überall bemerkbar – von Straßennamen bis hin zu Schuluniformen.

3 Eurasier
Die Rolle der Eurasier als kulturelle und wirtschaftliche Vermittler zwischen Asien und Europa ist so stark wie eh und je. Dieser Teil der Bevölkerung besteht aus überwiegend jungen und wohlhabenden Menschen verschiedener Nationen und symbolisiert die Vielfalt Hongkongs mit am besten.

4 Portugiesen
Seit dem16. Jahrhundert gibt es Händler im Pearl-River-Delta – und seither haben Portugiesen Kanton-Chinesen geheiratet. Außer in einigen Nachnamen (da Silva, Sequeira, Remedios) zeigt sich ihr Einfluss in der Vorliebe Hongkongs für Eierkuchen und Gebäck.

5 Inder
Die Geschichte des recht großen indischen Bevölkerungsanteils in Hongkong (es gibt Hindus, Muslime und Sikhs) begann mit der Ankunft der Briten 1841. Wie die Eurasier lehnen junge Inder eine rein westliche oder asiatische Identität ab und bevorzugen eine Mischform.

6 Juden
Hongkong hat eine der ältesten jüdischen Gemeinden in Ostasien. Diese brachte Wirtschaftsdynastien (die Sassoons und Kadoories) und den bemerkenswerten Gouverneur Sir Matthew Nathan (1903–06) hervor.

Straßenszene

Jüdische Gemeinde in Hongkong **www.jcc.org.hk**

Indische Einwohner am Victoria Peak

7 Russen

Von der einstigen Emigrantenkolonie sind nur noch einige Ältere übrig. Früher gab es in Hongkong viele Weißrussen. Borschtsch findet man noch immer auf der Speisekarte vieler Imbisse.

8 Auslandschinesen

In den vergangenen 20 Jahren kamen immer mehr in Großbritannien, Amerika und Kanada geborene Chinesen nach Hongkong. Man nennt sie entsprechend BBCs, ABCs und CBCs (nach den Anfangsbuchstaben der englischen Ländernamen). Die gut (aus-)gebildeten Auswandererkinder suchen hier ihre Wurzeln und ihren Traumjob.

9 Filipinos

Die Mitglieder der größten ethnischen Minderheit Hongkongs arbeiten meist in schlecht bezahlten Jobs, die andere nicht machen wollen, und schicken den größten Teil ihres Einkommens nach Hause. Tausende kann man sonntags am Statue Square sehen *(siehe S. 11)*.

10 Australier

Die meisten Australier sind Geschäftsleute oder arbeiten in der Medienbranche. Die hiesige australische Handelskammer ist die größte außerhalb des Mutterlands. In Hongkong gibt es eine von nur zwei australischen Auslandsschulen.

Top 10 Patois & Hongkong-Dialekt

1 Chinglish

Das Patois hat englische Wörter ins Chinesische übernommen, etwa *sahmunjee* (Sandwich), *bahsee* (Bus), *lumbah* (Nummer) und *kayleem* (Crème, Eis).

2 Portugiesisch

Viele Wörter wie *praya* (Uferstraße), *joss* (Gotteslästerung) und *amah* (Zimmermädchen) sind Lehnwörter.

3 Anglo-Indisch/Persisch

Hier wurden etliche Begriffe wie *shroff* (Kasse), *nullah* (Kanal) und *tiffin* (Mittagessen) übernommen.

4 Mo Lei Tau

Der kaum erlernbare Slang junger Kanton-Chinesen basiert auf witzigen, oft unsinnigen Ausdrücken.

5 »Jaihng«

Der allgemein übliche Slang-Begriff bedeutet in etwa »toll« oder »prima«.

6 »Yau Mehr Liu?«

Dies lässt sich etwa mit »Was kannst du?« übersetzen, wird aber als Begrüßung (etwa »Wie geht's?«) verwendet.

7 »Godown«

Dies ist Hongkong-Englisch für »Lagerhaus«, eine Verkürzung von »go put your load down« (»Laden Sie Ihre Ware ab«).

8 »Whiskey Tangos«

Der Polizei-Slang bedeutet »asoziale Weiße«.

9 »Aiyah!«

Den Ausdruck der Enttäuschung, der Überraschung und des Bedauerns hört man oft.

10 »Ah-«

Das Präfix wird als Ausdruck der Empathie vor einen Namen gesetzt, z. B. »Ah-Tommy« oder »Ah-Nicole«.

Deutsches Konsulat in Hongkong **www.hongkong.diplo.de**

Links **Blumen für das chinesische Neujahr** Mitte **Bun Festival** Rechts **Drachentanz, Tin Hau**

TOP 10 Feste & Festivals

Feuerwerk zum chinesischen Neujahr

1 Chinese New Year

Kein anderes Fest in Hongkong wird so laut und mit soviel Neonlicht gefeiert wie das chinesische Neujahr. Die Wolkenkratzer beiderseits des Hafens erstrahlen je nach Wirtschafts- und Finanzlage. Über dem Hafen gibt es ein Feuerwerk, die Läden schließen und Angestellte sind besonders nett – weil sie auf *Lai See* (»Glücksgeld«) hoffen. *3 Tage nach dem 1. Vollmondtag im Jahr, meist Ende Jan oder Anfang Feb*

2 Spring Lantern (Yuen Siu) Festival

Das auch als chinesischer Valentinstag bekannte Fest markiert das Ende der Feiern zum neuen Mondjahr. Jung verliebte Paare genießen die romantische Atmosphäre in den Parks. *15. Tag im Mondkalender (Ende Feb)*

3 Tin Hau Festival

Dies ist das wichtigste Fest für alle Fischer. Diese bringen der Meeresgöttin Tin Hau Blumenopfer dar, um gutes Wetter und volle Netze zu erbitten. Die Feierlichkeiten in den Tempeln in Stanley, in Joss House Bay oder in der Tin Hau Temple Road sind sehr schön. *23. Tag im 3. Mondmonat (April)*

Tin Hau Festival

4 Cheung Chau Bun Festival

Bei diesem Wettbewerb schichten junge Männer bis zu acht Meter hohe Brötchentürme auf. In den 1970er Jahren wurde das Festival verboten. Seit 2005 wird dieser Brauch – in sanfterer Form – wieder gepflegt. *6. Tag im 4. Mondmonat (Mai), Cheung Chau • Karte C6*

5 Ching Ming

Das als »Grabreinigungsfest« bekannte *ching ming* heißt wörtlich »klar und hell«. Chinesische Familien besuchen die Gräber ihrer Vorfahren, befreien sie von Unkraut und welken Blumen, verbrennen Papiergeld und zünden Räucherstäbchen an. *1. Woche im April*

6 Dragon Boat (Tuen Ng) Festival

Frenetische Trommelwirbel begleiten die Paddler in ihren farbenfrohen Boote beim Wettrennen. Das Fest erinnert an Qu Yuan, den Staatsmann und Dichter (3. Jh.), der sich aus Protest gegen die Korruption ertränkte. *5. Tag im 5. Mondmonat (Anfang Juni), verschiedene Orte*

Drachenboot-Festival im Internet **www.dragonboat.org.hk**

Drachenboote

7 Hungry Ghost (Yue Laan) Festival

Vom 14. Tag des siebten Mondmonats an öffnen sich nach chinesischem Glauben die Tore der Hölle und Untote suchen die Erde einen Monat lang heim. »Höllengeld« wird verbrannt – und leider viele Berghänge. Dies ist eine schlechte Zeit für Wanderungen. ✎ *ca. Juli, verschiedene Orte*

8 Mid-Autumn Festival

Für eines der malerischsten Feste Hongkongs kämpfen sich Familien durch schlimmste Verkehrsstaus, um in den Parks Kerzen anzuzünden und Mondkuchen zu essen. Leider wurden die aufwendigen Papierlaternen durch leuchtende, aufblasbare Hello-Kitty-, Doraemon- und Pokémon-Puppen ersetzt. ✎ *15. Tag im 8. Mondmonat, abends (Aug); Victoria Park*

9 Chung Yeung Festival

Ziehen Sie Ihre Wanderstiefel an – dieses Fest erinnert nämlich an einen Gelehrten der Han-Dynastie, der mit seiner Familie einen Hügel bestieg und bei der Rückkehr sein ganzes Dorf ermordet vorfand. ✎ *9. Tag im 9. Mondmonat, abends (meist Mitte oder Ende Okt); auf jedem Hügel*

10 Weihnachten

Dies ist zwar kein chinesisches Fest, das westlich orientierte Hongkong hat jedoch den kommerziellen Aspekt gern übernommen. ✎ *25. Dez*

Top 10 Sport-Events

1 Rugby 10s

Die Zuschauer genießen Rugby und Bier. ✎ *HK Rugby Football Union • 2504 8311 • www.hkrugby.com • März*

2 Rugby Sevens

Dies ist eine beliebte Variante des Rugby. ✎ *Woche nach den Rugby 10s, März*

3 Cricket Sixes

Das Cricketturnier findet jährlich statt. ✎ *Kowloon Cricket Club • 3473 7000 • Nov*

4 International Dragon Boat Races

Festlich geschmückte Boote nehmen am Wettbewerb auf dem Shing Mun River teil. ✎ *Sha Tin • Mitte Juni*

5 International Races

Das hochdotierte Pferderennen schließt die Saison ab. ✎ *Sha Tin Racecourse • HK Jockey Club • 2966 8335 • Dez*

6 Lunar New Year Cup

Das Fußballturnier gibt es seit 1948. ✎ *Hong Kong Football Association • 2712 9122 • Ende Jan*

7 Standard Chartered Hong Kong Marathon

Der Lauf beginnt am Cultural Centre in Tsim Sha Tsui. ✎ *2577 0800 • Anfang Feb*

8 Macau Grand Prix

Das Formel-3-Rennen in der früheren portugiesischen Enklave ist beliebt. ✎ *8796 2268 (Macau); 2838 8680 (Hongkong) • 3. Wochenende im Nov*

9 Trailwalker

Der 100-Kilometer-Marsch auf dem MacLehose Trail findet zugunsten der Hilfsorganisation Oxfam statt. ✎ *Oxfam • 2520 2525 • Nov*

10 UBS Hong Kong Open

Asiens beste Golfspieler treffen aufeinander. ✎ *Asian PGA • 22621 6000 • Ende Nov*

Links **Temple Street** Mitte links **Western Market** Mitte rechts **Bird Garden** Rechts **Goldfish Market**

TOP 10 Märkte

1 Temple Street Night Market

Der stimmungsvolle Markt erwacht erst gegen 21 Uhr zum Leben, wenn Hunderte von Ständen öffnen und Markenfälschungen sowie allen möglichen Krimskrams verkaufen. Der Markt war wegen der vielen Händler für (eher unmodische) Bekleidung als »Men's Street« bekannt. Hinter dem Markt findet man eine Gruppe Wahrsager und vielleicht gibt es eine Straßenaufführung einer Kanton-Oper *(siehe S. 18f)*.

2 Western Market

Der Markt im Nordwesten von Hong Kong Island liegt in einem schönen edwardianischen Gebäude, doch die Auswahl ist begrenzt. Reizvoll sind die alten bzw. gebrauchten Uhren im Erdgeschoss. Es gibt auch viele Stoffläden. Früher betrieb man hier einen Fleisch- und Gemüsemarkt. *323 Des Voeux Rd Central, Sheung Wan • Karte J4 • tägl. 10–19 Uhr*

3 Ladies Market

Hier gibt es keine Designermarken – und wenn, dann höchstens Fälschungen. Man findet preiswerte Damenbekleidung, von Dessous bis zu Schuhen. Zudem im Angebot: gute Jeansauswahl, günstiges Essen und viel Schnickschnack *(siehe S. 90)*.

4 Jardine's Bazaar & Jardine's Crescent

Der Markt unter freiem Himmel befindet sich im Herzen von Causeway Bay, einem der größten Shopping-Viertel. Hier gibt es schicke Boutiquen, traditionelle Friseure und chinesische Apotheken. Probieren Sie ein Glas Sojamilch. *Jardine's Bazaar, Causeway Bay, Hong Kong Island • Karte Q6 • tägl. 11–20 Uhr*

5 Cat Street

Hier laufen keineswegs mehr Katzen herum als sonst in Hongkong – der Name stammt vielmehr von einem chinesischen

Links **Antikes Buddha-Bildnis in der Cat Street** Rechts **Mao-Poster in der Cat Street**

Shopping-Tipps **siehe S. 144**

Gage Street Market

Slangwort für »Merkwürdiges«. In der Cat Street und der nahen Hollywood Road gibt es einen Antiquitäten- und Kuriositätenladen neben dem anderen, mit Seidenteppichen, eleganten Chinamöbeln, Reiterfiguren aus Porzellan (Ming-Dynastie) und Mao-Memorabilien. ✎ *Karte J5*

6 Jade Market

Wie man sich denken kann, gibt es hier mehr als genug Jadehändler – derzeit über 450. Zahlen Sie nicht den Preis für Topqualität, wenn Sie sich nicht genau auskennen. Es gibt auch viele günstigere Stücke *(siehe S. 90)*.

7 Stanley Market

Wer nicht klaustrophobisch ist, kann den Urlaubermassen durch die engen Gassen folgen und sich an Krimskrams sattsehen *(siehe S. 16)*.
✎ *Stanley Main St, Hong Kong Island • Karte F6 • tägl. 10–18 Uhr*

8 Bird Garden

An über 70 Ständen werden Singvögel und (meist legale) exotische Produkte verkauft. Dazwischen sitzen, in eleganten Höfen, alte Männer – oft in weißen, hochgerollten Unterhemden, eine der modischen Merkwürdigkeiten Hongkongs. In der Nähe ist ein Blumenmarkt *(siehe S. 89)*. ✎ *Yuen Po Street, Mong Kok • tägl. 7–20 Uhr*

9 Goldfish Market

Der Markt ist ein beliebtes Ziel für Einheimische, da – laut Feng-Shui – ein richtig positioniertes Aquarium das Böse fernhält. Man kann bei asiatischem Aquarienzubehör Schnäppchen machen oder nur die Fische bewundern. ✎ *Tung Choi St, Mong Kok • tägl. 10–18 Uhr*

10 Gage Street Market

Auf diesem Markt geht es vor allem morgens blutig zu, wenn frische, rosafarbene Schweinehälften entladen und Hühner geschlachtet werden.
✎ *Karte K5*

Hongkong-Gerichte siehe S. 50f

Links **Mid-Levels Escalator** Mitte **Taxi** Rechts **Offener Bus**

TOP 10 Nahverkehrsmittel

1 Mid-Levels Escalator
Die Reihe von Rolltreppen im steilen Viertel Mid-Levels im Nordwesten von Hong Kong Island wurde für Pendler gebaut, wird jedoch am meisten von Urlaubern geschätzt, die sich hier ausruhen und dabei eine tolle Aussicht genießen *(siehe rechts)*. Gleiten Sie langsam (und kostenlos) an vollen Straßen, alten Läden und Wohnungsfenstern vorbei *(siehe S. 59)*.

2 Straßenbahnen
Hongkongs Straßenbahn entstand 1904 und ist das älteste ununterbrochen genutzte Tramsystem der Welt (und das einzige mit Doppeldeckerwaggons). Auch heute kann man die Küste von Hong Kong Island gut mit der Straßenbahn erkunden.

Altmodische Straßenbahn

3 Peak Tram
Die Standseilbahn bewältigt seit 1888 den atemberaubend steilen Aufstieg zum Victoria Peak. Eine Fahrt gehört zu jedem Hongkong-Besuch. Zu Kolonialzeiten waren bestimmte Plätze stets für hohe Beamte reserviert. Heute darf man überall sitzen *(siehe S. 9)*.

4 Airport Express Link (AEL)
Sollten Sie auf der rasanten 24-minütigen Fahrt vom Flughafen nach Central Langeweile verspüren, können Sie im AEL auf einem eigenen Monitor direkt vor Ihnen auch fernsehen.

5 MTR
Hongkongs U-Bahn transportiert täglich rund drei Millionen Menschen und liegt damit weltweit an der Spitze. Es gibt Hinweisschilder in chinesischer und englischer Sprache. Verspätungen sind höchst selten. Die günstigsten Fahrten kosten nicht mehr als eine Tasse Kaffee – auch eine Fahrt quer durch die Stadt ist erstaunlich preiswert.

6 Fähren
Die Star-Ferry-Linien *(siehe S. 14f)* verbinden Hong Kong Island mit Kowloon. Das Ticket kostet halb so viel wie eine Tasse Kaffee. Während der Fahrt genießt man eine schöne Aussicht auf Hafen und Skyline. Weitere Fähren führen von Hong Kong Island zu den Inseln und Teilen der New Territories *(siehe S. 138)*.

Mehr über Transportmittel in Hongkong **siehe S. 138**

7 Rikschas
Einst gehörten diese Handkarren zur Personenbeförderung zum Hongkonger Straßenbild dazu, heute sieht man sie nicht mehr. Jahrelang ließen sich die alten Fahrer vor dem Star-Ferry-Terminal in Central gegen Geld von Urlaubern fotografieren. Heute findet man Rikschas nur noch in den Museen der Stadt.

8 Taxis
Die Taxifahrer in Hongkong sind wegen ihrer Unhöflichkeit berüchtigt – allerdings wäre wohl kaum jemand gut gelaunt, wenn er sich den ganzen Tag durch den an den Nerven zehrenden Verkehr von Hongkong kämpfen müsste. Dank schärferer Polizeikontrollen gibt es kaum noch Wucherpreise.

9 Limousinen
In Hongkong gibt es pro Kopf wohl mehr Mercedes- und Rolls-Royce-Limousinen als sonst irgendwo auf der Welt. Allein das Peninsula Hotel besitzt 15 Rolls-Royce-Limousinen – darunter einen Phantom II von 1934.

10 Busse
Hongkongs Doppeldeckerbusse sind ein britisches Relikt. Die meisten Fahrzeuge sind mit Klimaanlage und Fernseher ausgestattet – was stark kritisiert wird: Es laufen pausenlos Werbesendungen. Der geringe Fahrpreis lässt diesen Nachteil jedoch leicht vergessen.

Fähren der Star-Ferry-Linie

Top 10 Escalator-Sehenswürdigkeiten

1 Escalator
Die weltweit längste überdachte Rolltreppe ist selbst eine Sehenswürdigkeit.

2 Pendler
Jeden Tag nutzen rund 211 000 Menschen das System und weichen so dem Verkehrschaos in Mid-Levels aus.

3 Gage Street Market
Bestaunen Sie diesen lebhaften chinesischen Markt *(siehe S. 39)*.

4 BoHo
Zunächst führt die Fahrt durch das Zentrum des hippen Viertels »Below Hollywood Road«.

5 SoHo
Steigen Sie beim ersten Halt aus und gehen Sie einen Block hügelaufwärts zu den trendigen Bars und Restaurants »South of Hollywood Road« *(siehe S. 60)*.

6 Hollywood Road
Hier liegen Antiquitätenläden, Galerien, Nachtclubs und der historische Man Mo Temple *(siehe S. 61)*.

7 Kunstgalerien
Einige Galerien verkaufen moderne chinesische Kunst.

8 Rednaxela Terrace
Sie ist nach einem Schildermaler benannt, der »Alexander« wie auf Chinesisch von rechts nach links schrieb – noch heute so zu lesen.

9 Jamia Masjid
Die Moschee (1915) – eine von drei Gotteshäusern für etwa 70 000 Muslime – ist auch als Shelly Street Mosque bekannt.

10 Conduit Road
Hier endet SoHo und Mid-Levels beginnt mit schicken Apartmenthäusern.

Links **Bank of China Tower, Cheung Kong Centre & HSBC Building** Rechts **Convention Centre**

TOP 10 Moderne Architektur

Im HSBC Building

1 HSBC Building

Das düster und futuristisch wirkende Gebäude von Sir Norman Foster verschlang sagenhafte 5,2 Milliarden HK$ – bei seiner Eröffnung 1985 war es das teuerste Gebäude der Welt. Die Zentrale der Hong Kong and Shanghai Banking Corporation (HSBC) soll zu den besten Feng-Shui-Bauten gehören. Sie steht an einer seltenen Kreuzung von fünf »Drachenlinien« und bietet freien Blick auf den Hafen. Das Atrium erinnert an eine Kathedrale – vielleicht treffen sich deshalb sonntags hier die Filipinas. ✆ *1 Queen's Rd, Central • Karte L5*

Bank of China Tower

2 Bank of China Tower

Der Bau ist unter Feng-Shui-Anhängern verrufen, weil er Harmonie verhindert: Das Glashochhaus stört das alte Government House und andere koloniale Bauten. Die »messerscharfen« Ecken und Kanten sind eine Kreation des amerikanisch-chinesischen Stararchitekten I. M. Pei. Der 368 Meter hohe Prismenblock mit 70 Stockwerken wurde 1990 eingeweiht. Die Aussichtsplattform bietet einen grandiosen Stadtblick. ✆ *1 Garden Rd, Central • Karte L6 • 43/F Aussichtsplattform: Mo–Fr 9–18 Uhr, Sa 9–13 Uhr*

3 Tsing Ma Bridge

Die Hängebrücke, die von Tsing Yi Island nach Lantau führt, ist 2,2 Kilometer lang; Fahrbahn und Schienen führen zum Chek Lap Kok Airport. Die abendliche Beleuchtung ist spektakulär. Die Brücke wurde im Mai 1997 nach fünfjähriger Bauzeit für 7,14 Milliarden HK$ fertiggestellt. Fahren Sie mit der MTR nach Tsing Yi oder nehmen Sie den Flughafenbus (nicht den Flughafenzug), um sie zu sehen. In Ting Kau gibt es eine Aussichtsplattform *(siehe S. 116)*. ✆ *Karte D4*

4 Two IFC Tower

Der stromlinienförmige Two International Finance Centre Tower am Victoria Har-

Außen- & Innenansichten von Norman Fosters HSBC Building **www.fosterandpartners.com**

bour ragt 420 Meter hoch in den Himmel. Er wurde 2010 vom International Commerce Centre am Hafen in Kowloon als höchstes Gebäude von Hongkong abgelöst. Im Untergeschoss befindet sich eine gehobene Shopping-Mall. ✎ *Exchange Square • Karte L5*

5 Hong Kong International Airport

Der Anflug auf den von Norman Foster auf der Insel Chek Lap Kok errichteten Flughafen ist nicht so nervenaufreibend wie auf den alten Flughafen in Kowloon. Der Terminal ist sehr beeindruckend. ✎ *Karte B4*

6 Lippo Towers

Die klobigen Riesen sehen aus, als hingen Koalas an ihren Seiten – eine Erinnerung an den früheren Eigentümer, den Australier Alan Bond. ✎ *89 Queensway, Admiralty • Karte M6*

7 The Centre

Der Wolkenkratzer von Li Kashing mit den schönen, nachts wechselnden Farben ist fantastisch – es sei denn, man wohnt nebenan. ✎ *Queen's Rd • Karte K5*

8 Cheung Kong Centre

Architekt Li Kashing wohnt selbst in diesem großen, kasten-

Lippo Towers

förmigen und mit viel Glas versehenen Bau, der aus Feng-Shui-Gründen parallel zur Bank of China nebenan errichtet wurde. ✎ *Karte L6*

9 Central Plaza

Trotz des Namens steht der Bau in Wan Chai, nicht in Central. Mit 374 Metern ist er höher als The Centre, hat aber nur 78 Etagen. Dies ist der weltweit höchste Stahlbetonbau. ✎ *18 Harbour Rd, Wan Chai • Karte N5 • 46/F Aussichtsplattform: Mo–Fr 9–17 Uhr*

10 HK Convention & Exhibition Centre

Das Zentrum – Schauplatz der offziellen Übergabefeier 1997 – nimmt ein Riesenareal am Hafen ein. Es sieht aus wie ein Vogel. ✎ *1 Expo Drive, Wan Chai • Karte N5*

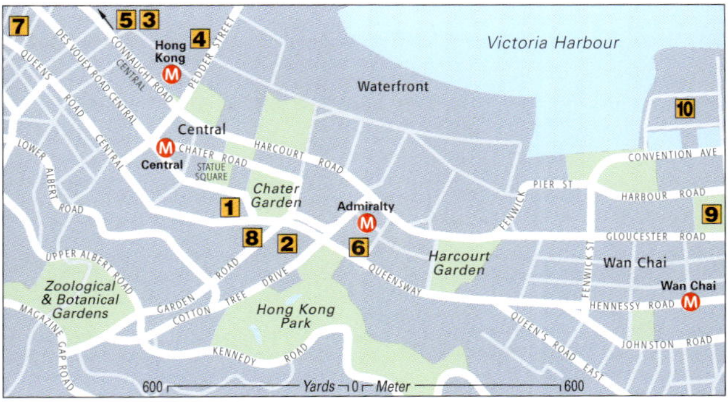

Links **Sai Kung Peninsula** Mitte **Vögel in den Marschen von Mai Po** Rechts **Ma On Shan**

Sehenswerte Natur

1 Cape D'Aguilar

Aguilar, das Kap von Hong Kong Island, liegt nur etwa elf Kilometer südlich vom Central District, doch man fühlt sich hier wie in eine andere Welt versetzt: Die raue Küste bietet von Wellen umtoste Klippen und Gewässer, in denen Biologen 20 neue Fischarten entdeckt haben. ✎ *Karte F6*

Reisfelder, Sha Lo Tung

2 Hoi Ha Wan

Die langen Buchten und Höhlen des 260 Hektar großen Meeresschutzgebiets im Norden Sai Kungs eignen sich zum Schnorcheln. Es gibt viele Korallenarten und Riffbewohner. ✎ *Karte G2*

3 Mai Po Marsh

Das Mai-Po-Areal wurde 1995 zum »international bedeutenden Feuchtgebiet« erklärt und gehört zu den wichtigsten Vogelschutzgebieten in China. Hunderte von Vögeln nisten oder überwintern hier, darunter viele bedrohte Arten. Auch Otter, Bengalkatzen, Fledermäuse, Krabbenmangusten (Mungoart) und viele Amphibien leben hier. ✎ *Karte D2*

4 Bride's Pool

Der ländliche Park ist ein beliebter Picknickort. Wochentags hat man die schönen Seen und die Bride's Pool Falls mit etwas Glück ganz für sich allein. ✎ *Karte F2*

5 Pat Sin Range

Hongkongs Landschaft zwischen den abgelegenen Tälern und dem Hochland von Pat Sin (»Sieben Geister«) ist reizvoll. Von den Pat-Sin-Hügeln (bis zu 639 Meter hoch) hat man eine imposante Aussicht. ✎ *Karte F2*

Links **Bride's Pool** Rechts **Flusstal, Pat Sin Range**

Sharp Peak und der Strand Ham Tin, Tai Long Wan

6 Dragon's Back

Der wellenförmige Gebirgskamm, der sich über den Südwestzipfel von Hong Kong Island windet, umfasst steile Abhänge, malerische Meeresansichten und (hinter Pottinger's Gap) dicht bewaldete Täler sowie schöne Strände. *Karte F5*

7 Jacob's Ladder

Wenn Sie bei der Three Fathom's Cove die steilen Felsenstufen hinaufsteigen, kommen Sie zu einem weitläufigen, abgelegenen Hochland mit steinigen Pfaden, die im Norden bis zum Mount Hallowes führen. Von hier aus hat man eine ganz ausgezeichnete Sicht auf den Tolo Channel. *Karte G3*

8 Sha Lo Tung

Das versteckt liegende Tal entspricht wohl am ehesten dem klassischen Bild einer traumhaften chinesischen Landschaft mit alten Reisfeldern, verträumten Dörfern, dahinplätschernden Bächen und alten Wäldern. *Karte F2*

9 Ma On Shan

Von den Hochplateaus und grünen Abhängen des 702 Meter hohen Ma On Shan (»Sattelberg«) blickt man auf Berglandschaft. Am Horizont erkennt man noch die Skyline der Stadt – ein grandioser Anblick. *Karte F3*

10 Tai Long Wan

Hat man auf der Halbinsel Sai Kung den extrem schwierigen Aufstieg zum Sharp Peak gemeistert (viel Geröll und schmale Pfade), sieht man die glitzernden Wellen an Hongkongs schönstem Sandstrand bei Tai Long Wan *(siehe S. 22f)*.

Weitere Naturidylle in den New Territories **siehe S. 105**

Links **Promenade, Cultural Centre** Mitte **Aussicht von The Peak** Rechts **Wahrsager, Temple Street**

TOP 10 Spaziergänge & Promenaden

1 Peak Circuit

Den Rundgang auf Harlech und Lugard Road um den Victoria Peak schafft man bei gemächlichem Tempo in gut einer Stunde. Unterwegs hat man eine atemberaubende Aussicht nach Norden, auf das Meer im Süden und die pompösen Anwesen im Grünen *(siehe S. 8f)*.

2 Temple Street Night Market

Man sollte viel Zeit mitbringen – nicht für die Strecke (die Temple Street ist nicht einmal einen Kilometer lang), sondern für die schrillen Marktstände, Apotheker und Opernsänger *(siehe S. 18f)*.

3 MacLehose Trail

Der Wanderpfad schlängelt sich auf einer Länge von mehr als 100 Kilometern durch die New Territories. Nur abgehärtete Outdoor-Fans sollten die gesamte Strecke in Angriff nehmen. Bestimmte Abschnitte sind jedoch gut zu bewältigen, etwa der reizvolle Teil rund um das High Island Reservoir. Dieser Teil ist für Wanderer ideal, die abends gern wieder in ihrem Hotel an der Bar sitzen wollen. *Infos beim HKTB (siehe S. 139) • Karte G3*

4 Zum Western District auf der Hollywood Road

Die futuristischen Bürotürme von Central gehen, je weiter man nach Westen kommt, in niedrige Bauten über, in hübsche, einladende Antiquitätenläden, Galerien und Bars. Schließlich erreicht man Western mit seinen typisch chinesischen Einkaufsstraßen und Docks *(siehe S. 58–61)*.

5 Cultural Centre Promenade

Am Fußweg von der Kowloon Star Ferry bis knapp hinter das InterContinental steht eine Statue der Kung-Fu-Legende Bruce Lee. Der Ausblick auf die Türme von Hong Kong Island ist grandios, vor allem um 20 Uhr, wenn diese zur »Symphony of Lights« beleuchtet sind *(siehe S. 82f)*.

6 Nathan Road

Die fröhlich-kitschige, billige Shopping-Meile, Golden Mile genannt, ist der »Broadway« Hong-

Links **Ruhige Straße auf The Peak** Rechts **Temple Street Night Market**

Informationen zu Wanderungen & Ausflügen bietet **www.discoverhongkong.com/german**

Links **Nathan Road am Abend** Rechts **Cheung Chau**

kongs. Die Straße führt nach Norden über die Halbinsel Kowloon, vorbei an Hotels und Urlauberläden. In Central Kowloon wird die Nathan Road zunehmend von zwielichtigen Karaokebars und Billigläden gesäumt *(siehe S. 81)*.

7 Hong Kong Land Loop

Fast alle Wolkenkratzer in Central gehören zu einem Konzern (Hong Kong Land), der Türme über Fußgängerbrücken verbunden hat. Zu diesen Bauten gehören Jardine House, Mandarin Oriental, Prince's Building und Landmark Centre. Folgt man diesem »Rundgang«, hat man das erhebende Gefühl, die Innenstadt zu besuchen, ohne überhaupt einen Fuß in sie zu setzen. *Karte L5*

8 Praya, Cheung Chau Island

Die *praya* (»Uferstraße«) hat alles, was man von einem verschlafenen Fischerdorf erwartet: fangfrischen Fisch, Boote und Marktstände. Die von Hand gezogenen Wasserkarren sind die Feuerwehrwagen der Insel *(siehe S. 24f)*.

Surfer, Cheung Chau

9 Central Green Trail

Nur wenige Gehminuten von den Banken, Shopping-Centern und Büros der Innenstadt entfernt führt dieser ausgeschilderte Pfad von der Peak-Tram-Endhaltestelle am Hong Kong Park eine Stunde lang durch eine üppige Landschaft mit Bäumen, Farnen und felsigen Berghängen. *Karte L6*

10 Victoria Park

Der Victoria Park ist eine der größeren Grünflächen der Stadt, die man am besten frühmorgens besuchen sollte, wenn Tai-Chi-Anhänger hier ihre Übungen zelebrieren. Tagsüber kann man im Park gut Leute beobachten und entspannende Spaziergänge abseits der Hektik der Großstadt unternehmen *(siehe S. 68f)*.

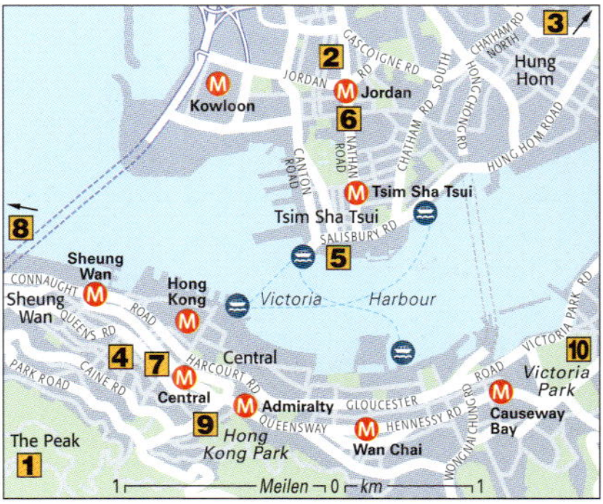

Sicherheit beim Wandern siehe S. 141

Links **Top Deck** Rechts **Eingang zum Spoon**

TOP 10 Restaurants

1 T'ang Court

Das Essen im Restaurant T'ang Court, dem Zwei-Sterne-Restaurant im Langham Hotel, überrascht: Hier ist einmalige Fantasie am Werk. Mit besonderer Hingabe wird *wok chi* (Pfannenrühren im Wok bei höchster Temperatur) zelebriert. *2/F Langham Hotel, 8 Peking Rd, Kowloon • Karte N4 • 2375 1133 • $$$$$*

2 The Verandah

Dank des ausufernden Sonntagsbrunchs und der Raffinesse des Abendessens bei Kerzenschein hält das elegante alteingesessene Restaurant an der Southside mühelos den Vorsprung vor der Konkurrenz. Jedes Detail verrät Stil, sogar der Salat wird frisch am Tisch zubereitet *(siehe S. 77)*.

3 Gaddi's

Royals, Hollywoodstars und Staatsgäste pflegten und pflegen hier zu dinieren – denn östlich des Suezkanals ist Gaddi's zweifellos der Ort schlechthin für französische Haute Cuisine. Die Speisekarte ist edel, der Service ist herausragend *(siehe S. 87)*.

4 Nicholini's

Kaum jemand reist wohl nach Hongkong, um italienisch essen zu gehen, doch bei Nicholini's wird man schwach. Das Restaurant serviert norditalienische Spitzenküche und wurde mit dem »Insegna del Romano« als bestes italienisches Restaurant außerhalb Italiens ausgezeichnet. *8/F Conrad International, Pacific Pl, Admiralty • Karte N4 • 2521 3838 • $$$$$*

5 Spoon

Im Spoon bekommen Gäste superbe Variationen französischer Klassiker in herrlichem Ambiente serviert – von *foie gras* bis *feuillet aux framboises*. Der Blick auf den Hafen ist prächtig, die Weinauswahl birgt viele Überraschungen. Auf die Empfehlungen des erfahrenen Sommeliers kann man sich hier getrost verlassen *(siehe S. 87)*.

Links **The Verandah** Rechts **One Harbour Road**

Preiskategorien **siehe S. 65**

The Mandarin Grill

6 Island Tang

Durch die Einrichtung im Stil der 1920er Jahre sowie die einem kantonesischen Teehaus nachempfundene Speisekarte weist zunächst nichts darauf hin, dass hier hochwertige Zutaten wie Vogelnester und Seeohren auf dem Tisch landen. Es gibt u. a. Dim Sum, Pekingente, diverse Fleischgerichte und eine gute vegetarische Auswahl. Im Weinkeller des Island Tang lagern edle Tropfen *(siehe S. 65)*.

7 One Harbour Road

Die kantonesische ist die raffinierteste der chinesischen Regionalküchen – im One Harbour Road wird sie zelebriert. Man darf ein ungewöhnlich fantasiereiches Abendessen erwarten und dazu die Art-déco-Einrichtung des Grand Hyatt genießen. Das Restaurant wird zu Recht in höchsten Tönen gelobt.
8/F Grand Hyatt, 1 Harbour Rd, Wan Chai • Karte N4 • 2584 7722 • $$$$

8 The Mandarin Grill & Bar

Das Restaurant mit seiner gediegenen Clubatmosphäre strahlt ungeheuren Reichtum aus – man könnte meinen, man speise in einem britischen Nobellokal. Das gilt jedoch nicht für das Essen, denn kein englisches Lokal wäre in der Lage, derart vorbildliche Steaks zuzubereiten. Hier geht man meisterhaft mit Pfanne und Spieß um. Kein Wunder, dass Gäste (meist Geschäftsleute) gern stundenlang bei Brandy und Zigarren verweilen *(siehe S. 65)*.

9 Kung Tak Lam

Vegetarier, die die lieblos zubereitete Kost verweigern, die üblicherweise unter »fleischlos« auf vielen Karten steht, werden die Küche des Kung Tak Lam preisen. Das geräumige und helle Shanghai-Restaurant kreiert aus Gemüse Speisen, von denen viele andere vegetarische Restaurants nicht einmal zu träumen wagen. *World Trade Center 1001, 208 Gloucester Rd, Causeway Bay • Karte P5 • 2881 9966 • $$$*

10 Top Deck

Die *Jumbo* mag in vielen Augen nichts anderes als eine schwimmende Touristenfalle sein, das oberste Deck hat man jedoch zu einem fantastischen Freiluftrestaurant umgestaltet. Im Top Deck isst man, was das Meer hergibt, von Tempura-Krabben bis *bouillabaisse (siehe S. 77)*.

Man unterscheidet in China gemeinhin zwischen acht verschiedenen Regionalküchen.

Links **Cha Siu** Mitte **Fisch trocknet im Hafen von Cheung Chau** Rechts **Pak-Choi**

TOP 10 Hongkong-Gerichte

1 Cha Siu

Cha Siu ist Hongkongs Nationalgericht, der Name bedeutet »Gabelbraten«. Schweinefilets werden in Honig und Gewürzen mariniert und dann gebraten. *Cha Siu* ist oft in den Schaufenstern der Metzgereien zu sehen. Das Fleisch wird in dünne Scheiben geschnitten und mit Reis und gedünsteten Gemüsestreifen serviert.

2 Moon Cake

Die süße oder salzige Delikatesse gibt es mit diversen Füllungen (Lotospaste, Tarowurzel, Adzukibohnenpaste, Eidotter, bisweilen auch Kokosnuss). Oft wird sie mit chinesischen Schriftzeichen verziert. Im kaiserlichen China versteckten Revolutionäre in der Füllung des Mondkuchens Nachrichten.

3 Gedünsteter Fisch

In Hongkong wird Fisch fast immer einfach zubereitet, meist nur mit Erdnussöl, Sojasauce, Koriander und Schnittlauch. Viele Restaurants haben Wasserbecken mit Fischen und Krustentieren.

Gedünsteter Fisch

4 Hainan-Hähnchen

Das Gericht besteht aus gekochten, meist lauwarm servierten Hähnchenfleischstücken, die man in mit Lauchzwiebeln und Ingwer aromatisiertes Öl dippt. Dazu gibt es eine herzhafte Hühnersuppe, Gemüse und in Hühnerbrühe gekochten Reis.

5 Rinderbrust

Die Zubereitung des Hongkong-Klassikers ist eine Kunst – Restaurants hüten ihre Spezialrezepte. Das Fleisch muss bis zu acht Stunden köcheln und wird zumindest mit den fünf traditionellen chinesischen Gewürzen, Kandiszucker und Mandarinenschale gewürzt. Serviert wird die herzhafte Winterspezialität in Steingutgeschirr als Hauptspeise oder zu Nudeln und Reis.

Trockenfleisch & Würste

6 Wasserspinat

Das Blattgemüse wird mit verschiedenen Zutaten – von Austernsauce bis zu Knoblauch und Krabbenpaste – zubereitet. Lecker ist auch Wasserspinat aus der Pfanne mit scharfem Chili und Tofu.

Chinesische Kochrezepte finden Sie u. a. unter
www.koestlichkeiten.de/chinesischerezepte.html

Wonton-Suppe

7 Wontons Die Teigtaschen aus Garnelen- und Schweinefleisch ziehen in einer Brühe mit Krabbeneiern, Anis und anderen Gewürzen. Sie werden meist mit frischen Eiernudeln und Suppe serviert.

8 Fischbällchen Viele Hongkong-Chinesen essen jeden Tag Fischbällchen, entweder als Snack am Spieß oder als Mahlzeit in einer Nudelbrühe. Traditionelle Restaurants lehnen die maschinelle Herstellung ab und formen die Klöße aus zerkleinertem Fisch, weißem Pfeffer und verschiedenen anderen Gewürzen noch per Hand bevor sie in Fisch- oder Hühnerbrühe pochiert werden.

9 Gebratener Tintenfisch Vielleicht haben Sie einmal eine billige, schlechte Variation von gebratenem Tintenfisch in einer Chinatown in Europa oder Amerika gegessen – in Hongkong haben Sie Gelegenheit, das einmalig knusprige Originalgericht zu genießen. Frischer Tintenfisch wird aufgeschnitten und mit viel Salz, weißem Pfeffer, Chili und Knoblauch scharf angebraten. Das Ergebnis ist köstlich.

10 Lai Wong Bau Chinesisches Brot wird in Form von Brötchen (nicht Laiben) hergestellt und gedünstet statt gebacken. So bleibt das Brot wunderbar weich und locker. Es gibt auch viele süße Brötchen. Am beliebtesten sind *Lai Wong Bau* aus Milch, Eiern, Kokosnuss und Zucker. Besonders köstlich schmecken sie dampfend heiß an kalten Tagen.

Top 10 Dim Sum (Häppchen)

1. **Har Gow** Die Garnelen in einem Mantel aus Reismehl schmecken wie deftige Ravioli.
2. **Siu Mai** Schweinehackfleisch und Krabbenstückchen werden mit einem Klecks Krebsrogen serviert.
3. **Seen Juk Guen** Die knusprig gebratenen Teigtaschen mit Gemüsefüllung sind eine interessante Alternative zur Frühlingsrolle.
4. **Gai Jaht** Huhn und Schinken werden in Sojabohnenteig eingerollt und in herzhafter Sauce serviert.
5. **Lohr Bahk Goh** Ein Brei aus weißen Rüben wird in der Pfanne mit Schnittlauch, Trockenkrabben und chinesischer Wurst gebraten.
6. **Cheung Fun** Reisgebäck wird mit Krabben-, Schweine- oder Rindfleisch gefüllt und mit süßer Sojasauce serviert.
7. **Chiu Chow Fun Gohr** Diese Dim Sum sind mit gehackten Nüssen, Schweinehackfleisch und eingelegtem Gemüse gefüllt.
8. **Chin Yeung Laht Jiu** Grüne Paprika, gefüllt mit Fisch und gehackten Garnelen, werden in einer Sauce aus schwarzen Bohnen serviert.
9. **Ji Ma Wu** Das üppige sirupähnliche Dessert aus Zucker und Sesambrei wird warm serviert.
10. **Ma Lai Goh** Der wunderbar leichte Biskuitkuchen wird mit Eiern, braunem Zucker und gehackten Walnüssen zubereitet.

Weitere chinesische Rezepte gibt es unter **www.laohu.de/kochbuch & www.asia-kueche.de**

Links **Dragon-i** Rechts **Kee**

TOP 10 Bars & Clubs

1 Felix

Der glamouröse Star unter den Bars befindet sich im Peninsula Hotel in Kowloon. Philippe Starck entwarf das unterkühlte Ambiente – angefangen von den Fahrstühlen mit Lichteffekten bis hin zu den Annehmlichkeiten der Toiletten. Die Aussicht auf den Hafen gibt es gratis dazu. Wer in Hongkong nur für einen Barbesuch Zeit hat, sollte hierherkommen *(siehe S. 87)*.

2 Foreign Correspondents Club

Ein Club mit Messingplaketten an der Bar, die an jene Mitglieder erinnern, die genau hier beim Trinken starben, ist zu Recht legendär. Der Club ist nur für Mitglieder und deren Gäste geöffnet. *2 Lower Albert Rd, Central • Karte K6 • 2521 1511*

3 Dragon-i

Das Interieur der beiden Räume ist völlig unterschiedlich: Der eine besteht aus einem japanisch-chinesischen Stilmix, der andere zeigt New-York-Dekor. Je später der Abend, desto mehr verwandelt sich der Red Room vom Speisesaal zur VIP-Lounge. Andere Gäste trinken ihre Cocktails in den Nischen des Playground vor viel Bronze und Spiegeln. Wenn Sie hierherkommen, sollten Sie sich dem stylischen Ambiente anpassen *(siehe S. 64)*.

4 Kee

Ein diskretes Keypad und eine nicht markierte Tür in der Wellington Street bilden den Eingang zu dem neuen Erlebnisclub. Jeder Promi in Hongkong ist Clubmitglied, sodass es schwierig werden kann, überhaupt hineinzukommen. Das Kee orientiert sich an den Salons der Aufklärung; teilweise geht es recht künstlerisch zu. Wer zufällig eine Einladung ergattert, sollte unbedingt hingehen. *6/F 32 Wellington St, Central • Karte K5 • 2810 9000*

Di Vino

5 Di Vino

Die kleine tunnelartige Bar ist meist voller schöner Menschen und ein perfekter Startpunkt für den Abend. Das Di Vino bietet attraktive Happy-Hour-Preise für Aperitifs und gut 40 offene Weine. Leckere Snacks und denkwürdige italienische Hauptspeisen lassen einen gern später als geplant aufbrechen *(siehe S. 65)*.

6 Beijing Club

Ein altes Bürogebäude ist Hongkongs neueste glamouröse In-Adresse. Über drei Stockwerke erstreckt sich hier ein Club, dessen Betreiber von zurückhaltender Einrichtung wenig hält. Bar und Tanzfläche finden Sie im ersten Stock, Chill-Out-Area, eine gigantische Projektionsfläche

Links **Felix** Rechts **Central District am Abend**

nebst Riesenbalkon im zweiten, den VIP-Bereich schließlich im vierten. Man spielt bevorzugt House, Hip-Hop und R & B – es sei denn, bekannte DJs legen zu den Ministry-of-Sound-Events auf *(siehe S. 64)*.

7 Skylark Lounge

In Hongkong kann sich kaum ein Jazzclub über einen längeren Zeitraum halten. Das Skylark gibt es trotz diverser Namenswechsel schon eine Weile. Die Bandbreite reicht von Oldies über Salsanächte bis hin zu Improvisationen am Piano. Sonntags sind Berühmtheiten und solche, die es werden wollen, unter den Gästen. Donnerstags gibt es guten Blues. Die Küche ist von 19.30 bis 21.30 Uhr geöffnet. *1/F, Parekh House, 63 Wyndham St, Central • Karte K5 • 2801 6018*

8 Le Jardin

Le Jardin liegt etwas abseits und ist wesentlich ruhiger als die anderen Bars in Lan Kwai Fong. Ausländer, die in Hongkong leben, treffen sich hier gern auf ein Glas Gin. *Wing Wah Lane, Lan Kwai Fong Central • Karte K5 • 2526 2717*

9 Feather Boa

Etwas weiter entfernt vom trubeligen Hauptabschnitt der Staunton Street versteckt sich hinter einem unauffälligen Eingang dieser SoHo-Geheimtipp mit Fin-de-siècle-Goldverzierungen und Sofas. Die Gäste sind jung, kunst- wie medieninteressiert und tauchen zumeist in Cliquen auf *(siehe S. 64)*.

10 Tanzpartys

Internationale Top-DJs legen in Hongkong meist einen Stopp ein – von Fat Boy Slim über Paul Oakenfold bis zu Carl Cox waren sie alle schon hier. Daneben gibt es zahlreiche lokale Talente. Die Tanzpartys, vor allem im höhlenartigen HITEC, sind professionell organisiert und werden in heimischen Medien angekündigt. *verschiedene Orte*

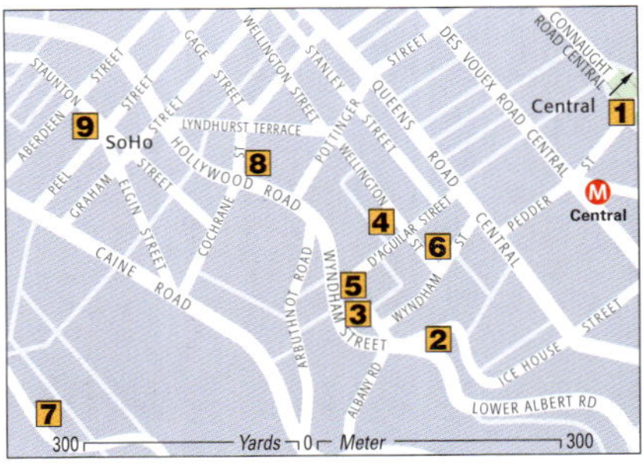

Links **Delfinbeobachtung** Mitte **Achterbahn im Ocean Park** Rechts **Kind im Kowloon Park**

TOP 10 Attraktionen für Kinder

1 Ocean Park

Ziel des Ocean Park ist es, den Menschen die Schönheit der Natur nahezubringen. In Einrichtungen wie Giant Panda Habitat, Atoll Reef, Sea Jelly Spectacular und Dolphin University können Kinder Stunden verbringen. Einige der Tiere dürfen im Rahmen von Führungen sogar angefasst werden. Im Park gibt es ca. 20 aufregende Fahrgeschäfte, z. B. die Achterbahnen Mine Train und Raging River im »Adventure Land« *(siehe S. 73)*.

Ocean Park

2 Science Museum

Hier gibt es viele Exponate zum Anfassen. Wissenschaft wird auf unterhaltsame Weise erklärt. Kinder können stundenlang Knöpfe drücken, Hebel umlegen und technische Spielereien bewundern *(siehe S. 82)*.

3 Zoological and Botanical Gardens

Der 1864 gegründete Zoo zeigt im schmiedeeisernen Musikpavillon und bei den Spazierwegen noch die Einflüsse der viktorianischen Ära – weniger allerdings im Affenhaus, wo die weltweit größte Gruppe von Gibbons kreischt, in den Bäumen herumturnt – und sich ungeniert paart. Manche Eltern pflegen ihren Kindern die Hand vor die Augen zu halten. Lemuren, Tamarine, Orang-Utans und rund 280 Vogelarten sind ebenfalls zu sehen. *Upper Albert Rd, Central • Karte K6 • tägl. 6–19 Uhr • frei*

4 Delfinbeobachtung

In den Gewässern vor Hongkong kann man seltene chinesische Weiße Delfine, die in der Mündung des Pearl River eher hellrosa sind, sehen. Wegen der Umweltverschmutzung sind die Tiere vom Aussterben bedroht. *Hong Kong Dolphinwatch 1528A Star House, Tsim Sha Tsui • Karte B4 (Delfine) • 2984 1414 • Busabholung um 9 Uhr im Kowloon Hotel TST • Mi, Fr & So • Gebühr*

5 Hong Kong Disneyland

Die berühmte Maus hat sich bei diesem Disneyland an die Feng-Shui-Regeln gehalten – ansonsten gibt es freilich wenig

Links **Mickey & Minnie Maus im Hong Kong Disneyland** Rechts **Peak Tram**

Infos zum Ocean Park **www.oceanpark.com.hk**

Links **Science Museum** Rechts **Altmodische Tram**

Anklänge an regionale Traditionen. Adventureland, Fantasieland und Tomorrowland liegen abseits der Main Street, USA. *✎ Lantau Island, mit eigener MTR-Station • 330 830 (Öffnungszeiten und Karten) • Buchung empfohlen unter: http://park.hongkongdisneyland.com • Eintritt*

6 Lions Nature Education Centre

Das Lions Nature Education Centre macht viel mehr Spaß, als der Name vermuten lässt. Es gibt Obstgärten, Steingärten, ein Arboretum und vor allem ein Insektarium mit vielen Krabbeltieren. *✎ Tsiu Hang, Sai Kung, New Territories • Karte G3 • 2792 2234 • Mi–Mo 9.30–17 Uhr • frei*

7 Ngong Ping 360 Cable Car

Ein Erlebnis der besonderen Art ist die 25-minütige Fahrt in der Seilbahn, aus der Großstadt hinaus und über das Wasser, die Hügel von Tung Chung hinauf zum Big Buddha bei Po Lin *(siehe S. 28f)*. *✎ Lantau Island • Karte B5 • Eintritt*

8 Tram

Holpernd und ratternd geht es durch Hongkong oder zu einem Abstecher nach Happy Valley. Hongkongs Straßenbahnen sind zwar überfüllt, langsam und laut, sie eignen sich jedoch prima für eine Stadtrundfahrt *(siehe S. 138)*.

9 Kowloon Park

Tsim Sha Tsui bietet ein großes Hallenbad mit Außenpool, viele Gärten und sonntagnachmittags kostenlose Kampfsportaufführungen *(siehe S. 83)*.

10 Hong Kong Wetland Park

In den angelegten Feuchtgebieten an der chinesischen Grenze gibt es Vogelnistplätze, einen Schmetterlingsgarten, Lilienteiche, einen Mangrovenrundweg mit Schlammspringern und Winkerkrabben sowie einen Umweltlehrpfad. *✎ Tin Shui Wai, New Territories • Karte C2 • 3152 2666 • www.wetlandpark.com • Mo & Mi–So 10–17 Uhr • Eintritt*

Folgende Doppelseite **Cheung Chau Harbour**

YAMAHA 15

TOP 10 HONGKONG

STADTTEILE – HONG KONG ISLAND

STADTTEILE – KOWLOON

REGIONEN

Links **Rotlori im Hong Kong Park** Mitte **Am Escalator** Rechts **Central District mit Hafen**

Hong Kong Island: Nordwesten

VON DEN STOLZEN GLASTÜRMEN der Konzerne im Central District über die Wodkabars und Galerien in SoHo bis hinunter zu den Gassen, alten Shophouses und Hafenanlagen in Western: Der Nordwesten der Insel vereint alle Gegensätze, die für Hongkong so typisch sind. In den Betonschluchten zwischen futuristisch wirkenden Banken und Bürokomplexen findet man ursprüngliche Straßenmärkte, Tempel und Kräuterläden, die mitunter alle wie die Hollywoodversion einer Chinatown wirken. Auf diesen Straßen ist so viel los wie nirgendwo sonst. Ob man nun Schlangenwein (mit Schlangengalle) oder Latte Macchiato trinken möchte – hier bekommt man alles.

TOP 10 Attraktionen

1. Hong Kong Park
2. Exchange Square & Two IFC Tower
3. Former Government House
4. Escalator
5. SoHo
6. Sheung Wan & Western
7. Lan Kwai Fong
8. Waterfront
9. Man Mo Temple
10. Hollywood Road

Man Mo Temple

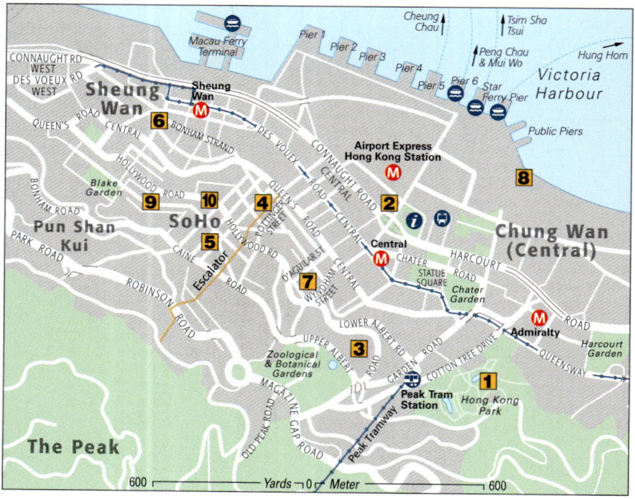

Börse von Hongkong im Internet **www.hkex.com.hk**

Voliere im Hong Kong Park

1 Hong Kong Park

Wer genug vom Großstadttrubel hat, kann sich im Hong Kong Park inmitten alter Bäume erholen, vor allem bei einem Spaziergang durch die elegante (und kostenlose) Voliere. Plätschernde Bäche und eine üppige Vegetation schaffen einen Miniregenwald, einen friedlichen und schattigen Lebensraum für exotische Vögel. Im Park befinden sich Seen, ein großes Gewächshaus, ein Aussichtsturm und das (kostenlose) Museum of Teaware im Flagstaff House. *Karte L6*

2 Exchange Square & Two IFC Tower

Wie der Name vermuten lässt, schlägt am Exchange Square (Börsenplatz) das Wirtschaftsherz Hongkongs in der (für Besucher nicht zugänglichen) Börse. Der ruhige Platz davor mit seinem großen Brunnen lädt zum Essen und Trinken im Freien ein. Beim Brunnen stehen Skulpturen, u. a. von Henry Moore und Elizabeth Frink. Der jüngste Bau am Platz ist der Two IFC Tower *(siehe S. 42f)*, eine faszinierende Ergänzung der ohnehin imposanten Skyline. *Karte L5*

3 Former Government House

Das imposante Gebäude diente 1855–1997 als Dienstsitz des britischen Gouverneurs, bis Chris Patten, der letzte Amtsinhaber, die Kronkolonie an China übergab. Pattens Nachfolger Tung Chee-hwa wollte nicht hier einziehen – angeblich wegen des schlechten Feng-Shui, das der Bank of China Tower *(siehe S. 42)* auf das Haus ausstrahle. Das georgianische Gebäude besitzt Türme im Shinto-Stil, die die japanischen Besatzer in den 1940er Jahren anbauten. Es hat noch offizielle Funktion und ist daher nur gelegentlich öffentlich zugänglich. Infos erhalten Sie vom HKTB *(siehe S. 139)*. *Karte L6*

4 Escalator

Der Escalator (Rolltreppe) ist eine clevere Einrichtung: eine 792 Meter lange Kette von Rolltreppen, die alle Straßen zwischen Queen's Road und Conduit Street verbindet. Für Fußgänger ist dies die einfachste Möglichkeit, die steilen Straßenzüge in Central, Mid-Levels und SoHo zu bewältigen. Der Escalator fährt bis Mitternacht nach oben, im morgendlichen Berufsverkehr dagegen nach unten. *Karte K5*

Frink-Skulptur, Exchange Square

Mehr über Aussichten von Mid-Levels Escalator **siehe S. 41**

Links **Restaurant, SoHo** Rechts **Antiquitäten in der Hollywood Road**

5 SoHo

In den vergangenen Jahren hat sich SoHo – das Viertel liegt »South of Hollywood Road« – von einem verschlafenen Viertel zu einer vibrierenden »In«-Gegend mit Bars, Cafés und Restaurants gemausert, vor allem in der Elgin, der Shelley und der Staunton Street. *Karte K5*

6 Sheung Wan & Western

Die älteren, ursprünglichen chinesischen Stadtviertel westlich der schicken Konzernverwaltungen in Central sollte man zu Fuß erkunden. Man sieht dort ein faszinierendes Angebot an Läden, meist Großhändler, die getrockneten Fisch (es riecht mitunter streng), Ginsengwurzeln, essbare Schwalbennester, Schlangen, geheimnisvolle Kräuter und Opfergaben aus Papier verkaufen, insbesondere in den Straßen rund um Bonham Strand. *Karte J4*

7 Lan Kwai Fong

Der als »Orchideenplatz« bekannte Platz erwacht erst abends zum Leben, wenn Büroangestellte sich hier in den Bars, Clubs und Restaurants treffen. Die Party am Feierabend dehnt sich über die kleine Wing Wah Lane und die D'Aguilar Street mit ihren Bars und preisgünstigen Restaurants mit thailändischer, malaysischer und indischer Küche aus. *Karte K5*

8 Waterfront

Wer am Star-Ferry-Anlegeplatz in Central nach rechts geht, trifft am Ufer auf einen offenen Platz mit Bänken. Von hier hat man eine gute Aussicht auf Kowloon. Das Jardine House war

Pest

Pest, meist Beulenpest, trat jahrhundertelang auf allen Kontinenten auf. Hongkong wurde im 19. Jahrhundert von verheerenden Pestepidemien heimgesucht, die in den schmutzigen und überfüllten Slums ausbrachen. 1894 wurde der Erreger des »Schwarzen Tods«, der durch Rattenflöhe übertragen wird, in Hongkong entdeckt. Die Isolierung des Erregers revolutionierte die Behandlung der Krankheit.

Man Mo Temple

Mehr über den Statue Square in Central **siehe S. 10f**

Laser-&-Sound-Show an der Waterfront

lange das höchste Gebäude in Asien. Östlich davon erkennt man das Prince of Wales Building, das wie eine umgestülpte Ginflasche wirkt. Heute dient es als Kaserne. Jeden Abend gegen 20 Uhr ist am Anlegeplatz die Laser-&-Sound-Show »Symphony of Lights« zu sehen. *Karte L5–M5*

9 Man Mo Temple

Im düsteren, rotgoldenen Inneren des Tempels aus den 1840er Jahren hängen immer dichte Sandelholz-Rauchschwaden, die von den riesigen Räucherspiralen an der Decke stammen. Diese glühen ungefähr zwei Wochen lang. Der Tempel ist zwei Gottheiten geweiht: Man, dem Gott des Schrifttums, und Mo, dem Kriegsgott. Einige Szenen aus der Verfilmung von Richard Masons *Die Welt der Suzie Wong* wurden in diesem Tempel gedreht. *westl. Ende der Hollywood Rd • Karte J5*

10 Hollywood Road

Das Paradies für chinesische Antiquitäten und Kuriositäten ist nicht mehr so günstig wie früher, doch am östlichen Ende der Hollywood Road drängen sich die Läden, in denen es alte Keramiken, Elfenbeinschnitzereien und Tabakdosen gibt. In der Upper Lascar Row findet man Antiquitäten, Schnickschnack, alte Münzen und Kitsch: Feilschen ist ausdrücklich erwünscht. *Karte J5–K5*

Ein Tag in Central

Vormittag

Fahren Sie mit der Tram von der Des Voeux Road in Central nach Westen und steigen Sie vor dem Kolonialgebäude mit dem **Western Market** *(siehe S. 38)* aus. Schlendern Sie im Erdgeschoss an den Ständen vorbei, suchen Sie sich im Obergeschoss etwas von den vielen Ballen aus oder essen Sie Dim Sum im nahen Restaurant Fung Shing. Die Straßen rund um den Bonham Strand sind von Läden für Trockenfisch, chinesische Medikamente und Opfergaben aus Papier gesäumt. Gehen Sie hinauf zum **Man Mo Temple**, dann weiter nach Osten an den Antiquitätenläden der **Hollywood Road** vorbei. In einem der vielen Restaurants dort, südlich in den Bars von **SoHo** oder unterhalb der Hollywood Road in **Lan Kwai Fong** kann man zu Mittag essen oder auch nur einen Snack genießen.

Nachmittag

Schauen Sie an den Ständen rund um den **Escalator** und in der Graham Street vorbei, bevor Sie zum **Statue Square** in **Central** *(siehe S. 10f)* aufbrechen. Hier können Sie in den teuren Shopping-Malls *(siehe S. 63)* einkaufen oder am Queen's Pier die Aussicht auf den Hafen genießen. Wer hoch hinaus möchte und einen grandiosen Ausblick auf die Stadt sucht, ist auf der Aussichtsetage des imposanten **Bank of China Tower** *(siehe S. 42)* richtig. Der nahe gelegene **Hong Kong Park** bietet Plätze im Schatten und ist eine Oase der Ruhe in der Hektik der Stadt.

Shopping-Tipps **siehe S. 144**

Links **St John's Cathedral** Mitte **Koloniale Polizeiwache** Rechts **Legco Building**

TOP 10 Koloniale Spuren

1 St John's Cathedral
Der Bau wirkt eher wie eine Pfarrkirche. Die im Jahr 1850 fertiggestellte Kathedrale ist die älteste anglikanische Kirche in Ostasien. *Karte L6*

2 George-VI-Statue
In den Zoological and Botanical Gardens wurde 1941 anlässlich der 100-Jahr-Feier der britischen Herrschaft die Statue des englischen Königs George VI enthüllt. *Karte K6*

3 Koloniale Straßennamen
Die meisten Kolonialgebäude fielen Neubauten zum Opfer, doch einige Straßennamen erinnern an die Kolonialzeit – an die königliche Familie (Queen's), an Politiker (Peel), an Militärs (D'Aguilar, Pedder) oder an Beamte (Bonham, Des Voeux).
Karte K5–K6

4 Alte Briefkästen
Einige gusseiserne grüne Briefkästen mit dem Symbol der britischen Krone sind noch erhalten, u. a. an der Nordseite des Statue Square. *Karte L5*

5 Altes Militärhospital
Das riesige, imposante Gebäude zwischen Bowen und Borrett Road diente früher als Militärhospital. *Bowen Road • Karte L6*

6 Polizeiwache Hollywood Road
Die Sinnbilder der Kolonialherrschaft, die Polizeiwache und das alte Victoria Prison, stehen noch immer. *Karte K5*

7 Flagstaff House
Das in den 1840er Jahren erbaute Flagstaff House ist einer der ältesten Kolonialbauten in Hongkong und beherbergt heute ein Museum für Tee und Teezubehör (Eintritt frei). *Hong Kong Park • Karte L6*

8 Duddell Street
Die alten Gaslaternen und die Stufen an der Duddell Street stammen aus den 1920er Jahren.
nahe der Ice House St • Karte K5

9 Legco Building
Das elegante klassizistische Parlamentsgebäude wurde im Jahr 1911 fertiggestellt und war ursprünglich Sitz des Obersten Gerichtshofs von Hongkong.
Karte L5

10 Mission Etrangères
Die einstige französische Mission von 1917, ein ansprechendes Gebäude, ist heute Sitz des höchsten Berufungsgerichts von Hongkong.
Battery Path • Karte L6

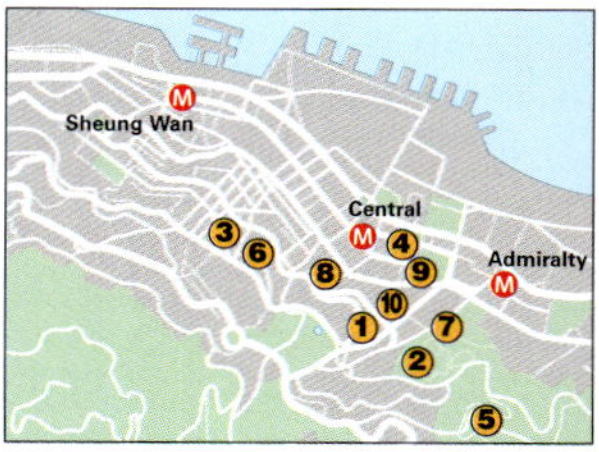

St John's Cathedral im Internet **www.stjohnscathedral.org.hk**

Links **Harvey Nichols in The Landmark Centre** Rechts **Lane Crawford**

TOP 10 Gehobene Malls & Modeläden

1 The Landmark Centre
Das elegante Shopping-Center fällt auf: Hier kann man von Chanel, Dior, Zegna und Versace bis zu Prada, Vuitton, Bulgari und Tiffany kaufen, was das Herz begehrt. *Pedder St • Karte L5*

2 Seibu
Auf vier Etagen gibt es Designermode, Kosmetik, Geschenke, Haushaltswaren und Lebensmittel. *Pacific Pl, 88 Queensway, Admiralty • Karte M6*

3 Lane Crawford
Neben edler Mode westlicher Designer kann man hier Haushaltswaren, Kosmetika, Glas und Porzellan – von ausgefallen bis hässlich – kaufen. *Pacific Pl, 88 Queensway, Admiralty • Karte M6*

4 The Prince's Building
Es gibt nicht so viele Top-Label wie im Landmark nebenan, doch das helle und weniger überfüllte Prince's Building lohnt den Besuch, wenn man Marken- und Designerartikel sucht. *Statue Square & Des Voeux Rd • Karte L5*

5 The Pedder Building
Die Shopping-Mall ist nicht berauschend, doch viele Läden bieten Designermode für Damen zu Sonderpreisen. *Pedder St • Karte L5*

6 Gucci
Der edle Gucci-Tempel wird von eleganten Hohepriesterinnen bewacht. Um hier die Ware nicht nur anzubeten, benötigt man schon etwas Kleingeld. *The Landmark Centre, G1 • Karte L5*

7 Dragon Culture
Der Antiquitätenladen führt Keramik fast aller Dynastien, Bambusschnitzereien und Tabakdosen. *231 Hollywood Rd • Karte K5*

8 Lock Cha Tea Shop
Rund 100 verschiedene Teesorten nebst Geschirr – von traditionell bis modern – werden in diesem schönen Kolonialgebäude feilgeboten. *G/F K.S.Lo Gallery, Hong Kong Park, Admirality • Karte L6*

9 Shanghai Tang
Der Hongkonger Geschäftsmann David Tang steckt hinter diesem Laden mit ausgefallener chinesischer Kleidung. Witzig sind die Jacketts und die Mao-Uhren. *The Pedder Bldg • Karte L5*

10 David's Shirts
Der Laden verkauft Hemden von der Stange. Wenn Sie eine Maßanfertigung haben möchten, sollten Sie ein paar Tage Lieferzeit einplanen. *Zwischenetage des Mandarin Oriental, Queen's Rd • Karte L5*

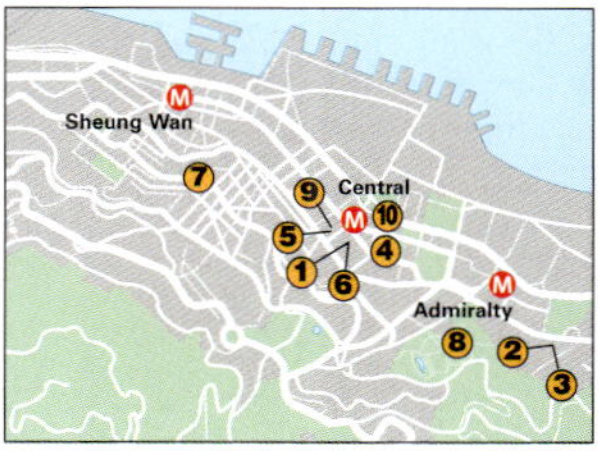

Mehr zu Shopping in Hongkong
www.discoverhongkong.com/eng/shop/search

Links **Fringe Club** Mitte **Boca** Rechts **V13**

TOP 10 Bars & Clubs

1 Dragon-i
Models und angesagte Leute kommen nach Central, um hier zu entspannen. Jackie Chan und Sting wurden ebenfalls schon gesichtet. *UG/F The Centrium, 60 Wyndham St • Karte K5 • 3119 1222*

2 Club No. 9
Wer Cocktails mag, liebt diesen Club – ergattern Sie einen Sofaplatz am Balkon mit tollem Ausblick. *3/F The Galleria, 9 Queen's Rd, Central • Karte K5 • 2973 6899*

3 One Fifth Nuevo
In einer der beliebtesten Bars der Stadt tummeln sich schicke Gäste im Großstadtfieber. Der Barname schreibt sich auch als »1/5«. *9 Star St • Karte K5 • 2529 2300*

4 V13
Hier kann man mit einer enormen Auswahl an Wodkas auf das Wohl der Insassen im gegenüberliegenden Victoria Prison anstoßen. *13 Old Bailey St, SoHo • Karte K5 • 9803 1313*

5 Boca
Die offenen Weine passen sehr gut zu den Tapas und Dim Sum, die hier serviert werden. *65 Pell St • Karte K5 • 2548 1717*

6 Feather Boa
Die Bar war früher ein Antiquitätenladen und hat einen großen Teil des einstigen Warenangebots übernommen. Man fühlt sich hier ein wenig, als wäre man bei schrulligen Verwandten zu Gast. *38 Staunton St, Soho • Karte K5 • 2857 2586*

7 Club »97«
Einst schauten hier Madonna und Alain Delon vorbei. Heute ist es ruhiger – was aber auch nicht schlecht ist. *Mezzanin, 9–11 Lan Kwai Fong • Karte K5 • 2816 1897*

8 Beijing Club
Auf drei Stockwerken ertönen House, R & B und Hip-Hop. Konditionsstarke können bis 9 Uhr früh tanzen *(siehe S. 52f)*. *2/F, 3/F & 5/F Wellington Place, 2–8 Wellington St, Central • Karte K5 • 2526 8298*

9 Fringe Club
Hongkongs alternativer Künstlertreff bietet eine Atempause von den lauten Kneipen von Lan Kwai Fong. *2 Lower Albert Rd, Central • Karte K6 • 2521 7251*

10 Rice Bar
Die beliebte Bar machte das Viertel trendy. Sie wirkt wie eine Schwulenbar, doch Heteros sind willkommen. *33 Jervois St, Western • Karte K5 • 3583 1200*

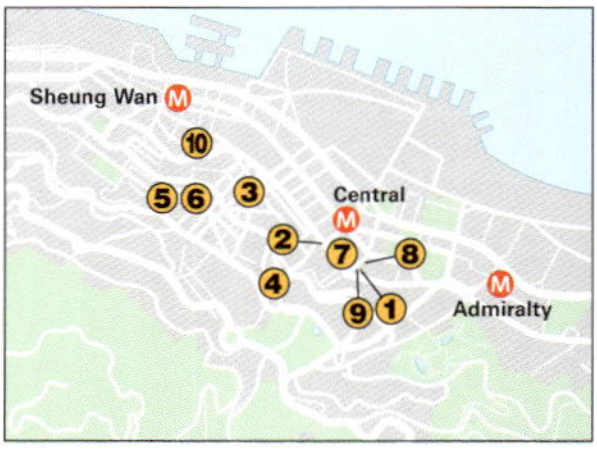

Bars & Clubs im Internet
www.worldsbestbars.com/city/hong-kong

Preiskategorien

Preis für ein Drei-Gänge-Menü pro Person mit einer halben Flasche Wein, inkl. Steuern und Service.

$	unter 100 HK$
$$	100–250 HK$
$$$	250–450 HK$
$$$$	450–600 HK$
$$$$$	über 600 HK$

Links **Pierre** Rechts **Yung Kee**

TOP 10 Restaurants

1 Lei Garden
In diesem vielfach ausgezeichneten Lokal serviert man moderne, leichte und raffinierte Kanton-Küche. *3/F IFC Mall • Karte K5 • 2295 0238 • $$$*

2 The Mandarin Grill & Bar
Das Interieur wurde von Sir Terence Conran umgestaltet, die Karte ist geblieben: britische Klassiker und superbes Seafood. *Mandarin Oriental, 5 Connaught Rd • Karte L5 • 2825 4004 • $$$$*

3 Island Tang
Das elegante, von Sir David Tang gestaltete Restaurant serviert Kanton-Gerichte und chinesische Haute Cuisine. *Shop 222, The Galleria, 9 Queen's Rd Central • Karte L6 • 2526 8798 • $$$$*

4 Di Vino
Die italienischen Speisen sind deftig, das Interieur ist mondän. Hongkongs Ausländer sitzen hier gern im Freien. Probieren Sie den vorzüglichen Schwertfisch. *73 Wyndham St • Karte K5 • 2167 8883 • $$$*

5 IndoChine 1929
Auf der Speisekarte dieser Hommage an das alte Hanoi stehen herzhafte vietnamesische Regionalgerichte. *2/F California Tower, 30–32 D'Aguilar St • Karte K5 • 2869 7399 • $$$*

6 Ye Shanghai
Das chinesische Ambiente mit Nischen, Seidenvorhängen und alten Mustern wirkt künstlich, doch die nordchinesische Küche ist authentisch. *One Pacific Place • Karte M6 • 2918 9833 • $$$*

7 Jimmy's Kitchen
Das Lokal ist wegen des unglaublichen Dekors und seiner Retro-Speisekarte beliebt. *1–3 Wyndham St • Karte K5 • 2526 5293 • $$$*

8 Yung Kee
Die Kellnerinnen tragen Headsets für einen effizienteren Service. Der Gänsebraten ist lecker. *32–40 Wellington St • Karte K5 • 2522 1624 • $$$*

9 Pierre
Drei-Sterne-Koch Pierre Gagnaire schmeichelt Ihrem Gaumen mit französischer Küche. *Mandarin Oriental, 5 Connaught Rd • Karte L5 • 2825 4001 • $$$$$*

10 Kau Kee
Probieren Sie das Nudelgericht mit Rinderbrust – für das Rezept wurden dem Restaurant schon Millionen geboten. *21 Gough St • Karte J5 • 2850 5967 • keine Kreditkarten • $*

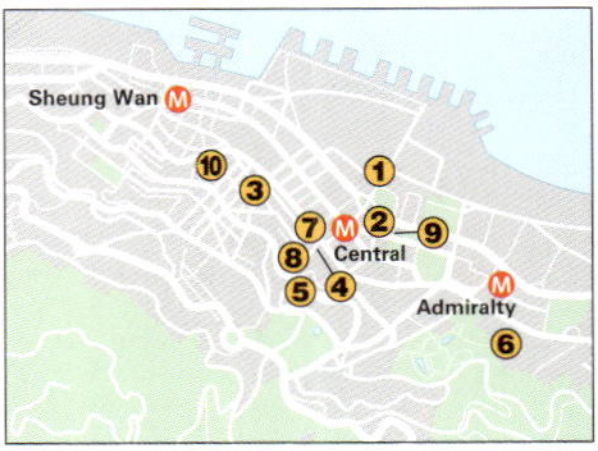

Falls nicht anders angegeben, akzeptieren alle Restaurants Kreditkarten und bieten auch vegetarische Gerichte an.

Links **Noonday Gun** Rechts **Drehrestaurant im Hopewell Centre**

Hong Kong Island: Nordosten

DER OSTEN DER INSEL *bot den Einwohnern der wachsenden, bald übervölkerten Kolonialhauptstadt einst eine neue Heimat. Bis in die späten 1970er Jahre zogen ärmere Schichten hierher. Aus dieser Zeit haben einige einfache Tabledance-Clubs und Tattoostudios in Wan Chai überlebt, dem Stadtviertel, dem Richard Mason in* Die Welt der Suzie Wong *ein Denkmal gesetzt hat. Heute findet man hier eine Filiale von Starbucks, schicke Apartments und teure Bürobauten. In Happy Valley kann man auf der Pferderennbahn mitfiebern und dann in der Causeway Bay mit ihren Restaurants und Boutiquen in Neon baden. Weiter draußen verstecken sich zwischen den unansehnlichen Lagerhäusern und Bürobauten von Quarry Bay und Wan Chai diverse Jazzclubs, Pubs und Discos.*

Viel Neon in »Old« Wan Chai

TOP 10 Attraktionen

1. Central Plaza
2. Noonday Gun
3. Convention and Exhibition Centre
4. Lockhart Road
5. »Old« Wan Chai
6. Happy Valley Racecourse
7. Hopewell Centre
8. Victoria Park
9. Causeway Bay Typhoon Shelter
10. Tin Hau Temple

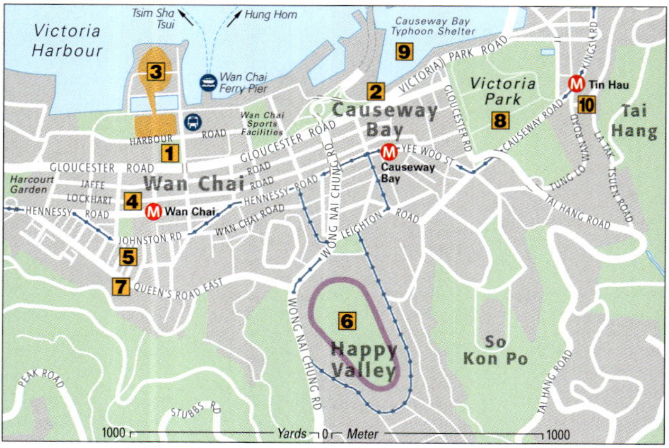

Central Plaza

1 Central Plaza

Die Planer des Wolkenkratzers in Wan Chai glaubten wohl, dass der Name »Central Plaza« prestigeträchtiger klingt als »Wan Chai Plaza«. Das 374 Meter hohe Gebäude ist nach dem Two IFC Tower und dem ICC Tower das dritthöchste Gebäude von Hongkong. Die Aussichtsplattform ist für die Öffentlichkeit leider nicht zugänglich. *18 Harbour Rd, Wan Chai • Karte N5*

2 Noonday Gun

Die berühmte Kanone ist in Noël Cowards Lied *Mad Dogs and Englishmen* verewigt. Seit 1860 wird sie täglich mittags abgefeuert. Einst schoss sie Salut, wann immer der Taipan Hongkong verließ oder betrat. Prominente lassen es sich etwas kosten, die Kanone abfeuern zu dürfen; das Geld wird gespendet. Sonst bedient sie ein Soldat in traditioneller Uniform. *Hafen nahe dem Causeway Bay Typhoon Shelter • Karte Q5 • Anmeldung für Kanonenschüsse (Gebühr): 2599 6111*

3 Convention and Exhibition Centre

Das Gebäude erinnert etwas an das Opernhaus in Sydney – allerdings so, als ob jemand das Dach mit einem riesigen Hammer eingeschlagen hätte. Die Architekten wollten mit der fließenden Form einen fliegenden Vogel darstellen. Jedenfalls steht der Bau in Kontrast zu den hoch aufragenden Wolkenkratzern daneben. Die zweite Baustufe des fünf Milliarden Dollar teuren Komplexes wurde gerade rechtzeitig für die Übergabe 1997 fertiggestellt. Ein großer schwarzer Obelisk erinnert an die Zeremonie. *1 Expo Drive, Wan Chai • Karte N5 • 2582 8888*

4 Lockhart Road

Das Sündenbabel von Wan Chai wurde durch den Roman *Die Welt der Suzie Wong* von Richard Mason berühmt. Heute stößt man hier eher auf merkwürdige Sexbars mit in die Jahre gekommenen *mama-sans* (Puffmüttern, die zu Zeiten des Vietnamkriegs anschaffen gingen und Freiern nun möglichst viel Geld aus der Tasche ziehen wollen), schäbige Discos, Pseudo-Pubs, aber auch ultraschicke Bars und Restaurants. Zudem wird hier ständig hektisch gebaut. *Karte M6–P6*

Convention and Exhibition Centre

Mehr moderne Architektur **siehe S. 42f**

Links **Pferderennen in Happy Valley** Rechts **Hopewell Centre**

5 »Old« Wan Chai

Die Gegend hat sich den Namen »Little Thailand« verdient: Etliche thailändische Lebensmittelläden und winzige Restaurants liegen rund um den Wan-Chai-Markt und in den engen Gassen zwischen Johnston Road und Queen's Road East. Hier zahlt man nur einen Bruchteil dessen, was schicke Thai-Restaurants einige Straßen weiter verlangen. *Karte N6*

6 Happy Valley Racecourse

Von September bis Juli hört man fast jeden Mittwochabend donnernde Hufe auf dem Rasen: Auf der berühmten Pferderennbahn – hier lag einst ein malariaverseuchter Sumpf – setzen die wettbegeisterten Chinesen bei jedem Rennen mehr Geld aufs Spiel als auf jeder anderen Rennbahn *(siehe S. 12f).*

Was wurde aus Suzie Wong?

Viele Urlauber, die erstmals nach Hongkong kommen, denken bei Wan Chai vor allem an das Luk Kwok Hotel mit seinen herzförmigen Kuchen und den Rikschas davor – Bilder aus dem Film *Die Welt der Suzie Wong* nach dem Buch von Richard Mason. Doch das stimmt seit mehr als 40 Jahren nicht mehr. Das Originalhotel wurde 1988 abgerissen, der hoch aufragende Glas-Stahl-Turm an dieser Stelle trägt nur denselben Namen. Suzie Wong gibt es vielleicht noch immer – doch wenn, dann hat sie den stechenden Blick einer alten Frau.

7 Hopewell Centre

Der Bauunternehmer Gordon Wu baute viele Straßen in China und eine halbe Eisenbahnlinie in Bangkok – doch dieser Turm ist sein bekanntestes Projekt: Der Zylinderbau mit 66 Stockwerken erhebt sich hinter Wan Chai und lässt die Gäste in seinem Drehrestaurant R66 schwindelig werden. Das Essen ist – offen gesagt – nichts Besonderes, doch die Aussicht entschädigt für alles. Abends ist der Blick besonders imposant, auch ein Cocktail bei Sonnenuntergang macht Spaß. *183 Queen's Rd East, Wan Chai • Karte N6 • R66: 2862 6166*

Victoria Park

8 Victoria Park

Hongkongs größter Stadtpark wurde 1957 eröffnet. Im Park steht eine Bronzestatue der leicht mürrisch blickenden britischen Monarchin, die ein »Kunstaktivist« einst

Pferderennbahn im Internet **www.happyvalleyracecourse.com**

Causeway Bay

mit roter Farbe neu anstrich. Es gibt ein Schwimmbad, Tennis- und Rasenbowlingplätze. Hier findet auch der Chinese New Year Flower Market statt. Sonntagmittags halten Möchtegernpolitiker vor den Spaziergängern ihre Reden. *Karte Q5–R5*

9 Causeway Bay Typhoon Shelter

Der dicht belegte Hafen mit muschelbedeckten Schiffsrümpfen, kleinen Ruderbooten und superteuren Yachten bietet Schutz vor den Taifunen, die die südchinesische Küste regelmäßig heimsuchen. Es gibt auch malerische Hausboote, die hinter dem Wellenbrecher liegen. Der imposante Bau links (wenn man auf das Meer schaut) ist der Hong Kong Yacht Club. *Karte Q5*

10 Tin Hau Temple

Der Tempel der chinesischen Meeresgöttin ist nicht der größte oder bekannteste in Hongkong, doch der am leichtesten zugängliche. Man glaubt es kaum: Hier befand sich einst das Meeresufer. Meist trifft man nur wenige Gläubige, die Räucherstäbchen anzünden und beten, bei chinesischen Festen ist der Tempel dagegen voll. *Karte R6*

Ein Tagesausflug

Vormittag

Machen Sie morgens einen Spaziergang durch den **Hong Kong Park** *(siehe S. 59)*, eine grüne Oase inmitten der Wolkenkratzer aus Stahl und Beton – so werden Sie munter. Vielleicht sehen Sie herausgeputzte Paare, die auf die Hochzeitszeremonie im Standesamt Cotton Tree Drive warten. Nehmen Sie sich Zeit für einen Gang durch das Edward Youde Aviary, eine Volière, in der viele Vogelarten aus Südostasien leben. Gehen Sie an den schwarzen Türmen der Citibank vorbei bis zum Pacific Place – hier können Sie gemütlich Kaffee trinken oder einen Schaufensterbummel unternehmen. Weiter in Richtung Hafen sehen Sie rechts das **Convention and Exhibition Centre**. Genießen Sie von hier aus die Aussicht auf den Hafen.

Nachmittag

Kehren Sie zum Mittagessen nach Wan Chai zurück. In der **Lockhart Road** finden Sie garantiert ein Restaurant: In den Kneipen ist es jetzt noch ruhig; es gibt solide thailändische, mexikanische und chinesische Küche *(siehe S. 71)*. In der Hennessy Road nehmen Sie die Tram zur Causeway Bay östlich von Wan Chai. Sie können auch nur eine Haltestelle bis zur MTR fahren. Wenn Sie einen Einkaufsbummel machen wollen, nehmen Sie den Times-Square-Ausgang. Entspannen Sie sich dann bei einem Spaziergang durch den **Victoria Park** und vielleicht bei Cocktails im Totts ganz oben auf dem Dach des Excelsior Hotel.

Den Tin Hau Temple finden Sie im Internet unter **www.lcsd.gov.hk/CE/Museum/Monument**

Links **Sogo** Rechts **Page One**

TOP 10 Shopping

1 Page One
In dieser Buchhandlung stehen die Bücher mit dem Cover nach vorn in den Regalen. An Belletristik und Sachbüchern gibt es eine große Auswahl zu guten Preisen. *B1 Times Square, 1 Matheson St, Causeway Bay • Karte P6*

2 Jusco
Die Filiale einer großen japanischen Kaufhauskette verkauft günstige Kleidung, Lebensmittel und Haushaltswaren. *Kornhill Plaza, 2 Kornhill Rd, Quarry Bay • Karte F5*

3 Sogo
Sogo ist dank der guten Auswahl vor allem japanischer Waren bei Einheimischen sehr beliebt, obwohl es nicht so trendy ist wie Seibu *(siehe S. 63)*. *555 Hennessy Rd, Causeway Bay • Karte P6*

4 Island Beverley
In den eher unübersichtlichen Shopping-Arkaden bieten winzige Boutiquen die Kreationen junger Modedesigner aus der Region an. *1 Great George St, Causeway Bay • Karte Q5*

5 Fashion Walk
Das Ambiente ähnelt dem von Island Beverley, es gibt allerdings noch mehr Boutiquen und günstige Kosmetika. Schauen Sie bei D-Mop rein! *Pateron St, Causeway Bay • Karte Q5*

6 J-01
Der Laden ist nah an der Grenze zum Verrückten – manche sehen diese Grenze sogar bereits überschritten. Betrachten Sie die »Splatter-Linie« des japanischen Künstlers Dehara Yukinori und entscheiden Sie selbst, ob Entwürfe wie *Ermordeter Mensch* und *Hirnmann* Satire oder einfach nur verrückt sind. *57 Paterson St, Causeway Bay • Karte Q5*

7 Spring Garden Lane
Der toller Modemarkt führt Exportqualität zu erstklassigen Preisen. *Spring Garden Lane, Wan Chai • Karte N6*

8 Marathon Sports
Auf einer riesigen Fläche werden Hometrainer und Sportartikel verkauft. *Laden 616, 6/F Times Square, 1 Matheson St, Causeway Bay • Karte P6*

9 Fortress
Die aktuellen Elektronikartikel sind äußerst preisgünstig. *7/F & 8/F Times Square, 1 Matheson St, Causeway Bay • Karte P6*

10 Lee Gardens
Die Marken Prada, Versace und Christian Dior verraten: Hier ist es teuer. *33 Hysan Ave, Causeway Bay • Karte Q6*

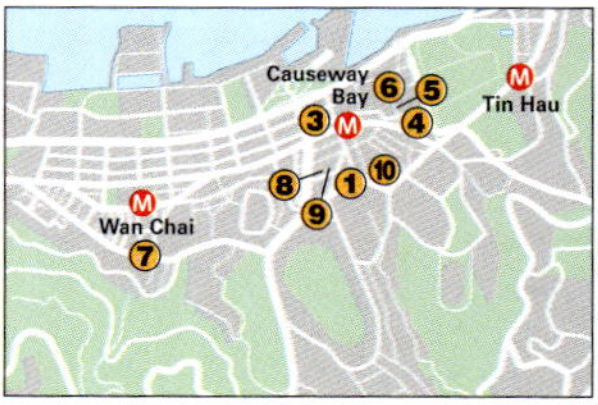

Sogo im Internet **www.sogo.com.hk**

Joe Bananas

Preiskategorien

Preis für ein Drei-Gänge-Menü pro Person mit einer halben Flasche Wein, inkl. Steuern und Service.	$	unter 100 HK$
	$$	100–250 HK$
	$$$	250–450 HK$
	$$$$	450–600 HK$
	$$$$$	über 600 HK$

TOP 10 Restaurants

1 Tasty Congee and Noodle Wantun Shop

Nicht wenige behaupten, dass es hier die besten gebratenen Nudeln mit Rindfleisch sowie den schärfsten Congee (Reisbrei) gibt. Auch die Dim Sum werden gelobt. *G/F 21 King Kwong St, Happy Valley • 2838 3922 • $*

2 Petrus

Zeitgemäße französische Küche verwöhnt hier in edlem Ambiente mit tollem Hafenblick den Gaumen. *Island Shangri-La, Supreme Court Road, Pacific Placei • Karte M6 • 2820 8590 • $$$$*

3 Joe Bananas

Die Abschleppkneipe mit den guten Tapas sollte man während der Rugby Sevens *(siehe S. 37)* meiden. *Ecke Luard & Jaffe Rd, Wan Chai • Karte N6 • 2529 1811 • $$$*

4 Fat Angelo's

Zu riesigen Pasta-Portionen bekommt man Gebäck, so groß wie Brotlaibe. *102, 1/F Elizabeth House, 250 Gloucester Rd, Causeway Bay • Karte P5 • 2574 6263 • $$$*

5 JJ's

Trinken Sie in dem schicken zweistöckigen Club einen Cocktail und lauschen Sie der Hausband. *Grand Hyatt, 1 Harbour Rd, Wan Chai • Karte N5 • 2584 7722 • $$*

6 American Peking Restaurant

Das Restaurant ist seit den 1950er Jahren beliebt. Der Name sollte US-Soldaten auf Urlaub vom Koreakrieg anlocken. Die Pekingente ist lecker. *20 Lockhart Rd • Karte N6 • 2527 1000 • $$*

7 The Pawn

Die alte chinesische Pfandleihe ist heute ein Bar-Restaurant mit großartiger Atmosphäre. Hier werden moderne britische Gerichte serviert. *62 Johnston Rd, Wan Chai • Karte N6 • 2866 3444 • $$$$*

8 Totts Asian Grill and Bar

»Totts« steht für »talk of the town« (»Stadtgespräch«) – das trifft nicht zu, doch es gibt gute Fusionsküche und eine Shushi-Theke. *Excelsior Hotel, Gloucester Rd • Karte Q5 • 2837 6786 • $$$*

9 One Harbour Road

Der Küchenchef bereitet kantonesische Gerichte ohne jegliche Fremdeinflüsse zu. *Grand Hyatt, 1 Harbour Rd, Wan Chai • Karte N5 • 2584 7722 • $$$$*

10 Brown

Das (natürlich) braun eingerichtete Brown ist eine der mittlerweile vielen Weinbars in Happy Valley. *18A Sing Woo Rd • 2891 8558 • $$*

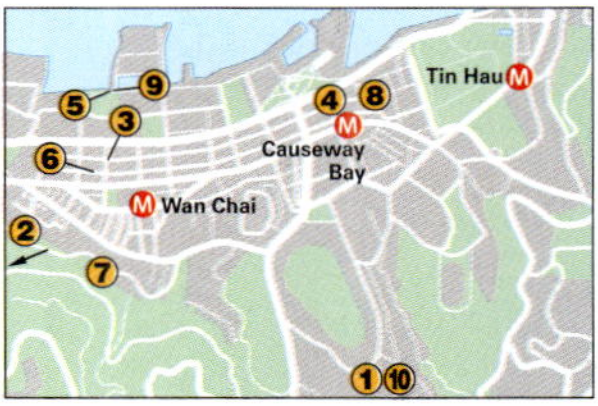

Falls nicht anders angegeben, akzeptieren alle Restaurants Kreditkarten und bieten auch vegetarische Gerichte an.

Links **Großer Panda im Ocean Park** Rechts **Floating Restaurants**

Hong Kong Island: Süden

DIE WOHNBEZIRKE DEHNEN SICH IM *Osten und Westen von Hong Kong Island aus. Im Süden der Insel, der »Southside«, kann man dagegen noch ursprüngliche Küste, bewaldete Hügel und einsame Strände finden – sehr zum Erstaunen all jener Besucher, die Hongkong nur als Stadt kennen. Der Verkehr aus der Stadt hinaus verläuft durch den Aberdeen Tunnel und führt dann durch eine malerische Landschaft mit Golfclubs, Häfen und protzigen Villen. In der Repulse Bay und der Deep Water Bay kann man herrlich schwimmen. In der Big Wave Bay findet man sogar etwas Brandung vor. In Stanley werden an Ständen Korallenketten und alte Opiumpfeifen verkauft, im abgelegenen Shek O schnappen sich Yuppies gegenseitig die Strandhäuser weg. Die Dragon's Back Ridge eignet sich zum Wandern und bietet schöne Aussichten auf das Südchinesische Meer.*

Ocean Park

TOP 10 Attraktionen

1. Aberdeen Harbour
2. Floating Restaurants
3. Ocean Park
4. Deep Water Bay
5. Repulse Bay
6. Shek O
7. Dragon's Back Ridge
8. Stanley
9. Ap Lei Chau
10. Chinese Cemetery

Floating Restaurant Jumbo Kingdom **www.jumbo.com.hk**

Aberdeen Harbour

1 Aberdeen Harbour

Der kleine, malerische Hafen Aberdeens versteckt sich inmitten eines Meers aus Apartmenthochhäusern. Hier liegen noch immer viele der hölzernen Fischerboote mit hohem Bug, obwohl sich die Fangflotte Hongkongs wegen Überfischung und Verschmutzung der Gewässer stark verkleinert hat. Das hässliche Stadtzentrum kann man vernachlässigen und stattdessen die mit Autoreifen behängten Sampans (Hausboote) fotografieren oder über den Fischgroßmarkt am westlichen Hafenende schlendern. *Karte E5*

2 Floating Restaurants

Im Hafen von Aberdeen gibt es zwei riesige schwimmende Restaurants, die sehr beliebt, jedoch kitschig und eher auf Massenbetrieb eingestellt sind. Im berühmteren der beiden, Jumbo Kingdom, wurden angeblich schon über 30 Millionen Gäste bewirtet. Die Preise sind relativ hoch. Vom Hafen gibt es kostenlose Kleinfähren. Auch aufdringliche Sampan-Besitzer warten auf Urlauber. Eine Bootsfahrt zu den Restaurants garantiert den Blick auf den Hafen, die Schiffe und die Werften. Essen sollte man in einem der guten Seafood-Restaurants auf Lamma Island *(siehe S. 117)*, das man mit der Fähre von Aberdeen aus erreicht. *Karte E5*

3 Ocean Park

Der traditionsreiche Themenpark reagierte auf die Eröffnung von Disneyland auf Lantau Island erfolgreich mit Modernisierungsmaßnahmen. Kinder wie Erwachsene können sich hier leicht einen Tag lang vergnügen. Es gibt mehr als 30 verschiedene Fahrgeschäfte und Tierattraktionen, von Achterbahnen bis zu großen Aquarien mit Meeresbewohnern *(siehe S. 54)*. *Karte E5*
• 3923 2323 • www.oceanpark.com.hk
• tägl. 10–18 Uhr • Eintritt

4 Deep Water Bay

Der schöne Strand an der Deep Water Bay wirkt beinahe mediterran – kein Wunder also, dass es Strandliebhaber und die wohlhabenden Mieter aus den teuren Wohnungen der Bucht hierherzieht. Der kleine Strand ist bewacht (es gibt sogar ein Netz gegen Haie), das Wasser ist sauber. Wie fast überall in Hongkong ist der Strand bei schönem Wetter schnell überfüllt. *Karte E5*

Links **Fischmarkt am Aberdeen Harbour** Mitte **Aquarium, Ocean Park** Rechts **Deep Water Bay**

Yachtclub Aberdeen **www.aberdeenmarinaclub.com**

Links **Repulse Bay** Rechts **Shek O**

5 Repulse Bay

Die Repulse Bay ist ein beliebtes Ausflugsziel, der Strand ist sauber und gepflegt, wenn auch manchmal mit Tausenden von Besuchern überfüllt. Hier kann man in kleinen Strandcafés oder in The Verandah *(siehe S. 77)*, einem schicken Restaurant der Peninsula-Hotelgruppe, essen und trinken. Der Hong Kong Life Guards Club am Südende des Strands ist einen Besuch wert: Hier stehen etliche Statuen von Gottheiten und Fabelwesen. *Karte F5*

6 Shek O

Das entlegene arme Dorf lohnt die relativ lange Anreise mit Zug und Bus. Die Stille hier wird nur am Wochenende von Scharen von Sonnenhungrigen gestört, die zum schönen Strand pilgern. Bis zur kleinen Landzunge ist es nicht weit. Der Weg führt zu ungewöhnlichen Felsklippen, tosender Brandung und zur erfrischenden Brise des Südchinesischen Meers. In der Big Wave Bay (ein kurzer Fußweg oder eine Taxifahrt nach Norden) kann man auch surfen. Entspannen Sie sich in The Black Sheep *(siehe S. 77)*, dem mediterranen Restaurant mit charmanter Bar, wo Sie ein Bier trinken können. *Karte F5*

Haus am Meer in Shek O

Die Verteidigung Hongkongs

Die Briten hatten dafür gesorgt, dass Hongkong an der Seeseite gut befestigt war, doch es blieb von Norden her stets verwundbar. Im Zweiten Weltkrieg wurde die Insel von den Japanern durch einen Landangriff eingenommen. Hunderte von Zivilisten wurden im Stanley-Gefängnis interniert. Auf dem nahen, gepflegten Friedhof haben viele der Verteidiger ihre letzte Ruhe gefunden.

7 Dragon's Back Ridge

Der sechs Kilometer lange Wanderweg sieht auf der Karte eher einschüchternd aus, doch der Pfad entlang dem sanft ansteigenden Gebirgskamm von Dragon's Back ist nicht sehr anstrengend, sofern man einigermaßen fit ist. Die Belohnung am Ende des Wegs sind einzigartige Blicke auf die zerklüftete Küste der D'Aguilar Peninsula, die Big Wave Bay und das ruhige Shek O. Bei gemächlichem Tempo benötigt man rund drei Stunden nach Shek O. Denken Sie an ausreichend Trinkwasser! *Karte F5*

Mehr sehenswerte Natur auf Hong Kong Island **siehe S. 44f**

8 Stanley

Das einstige Fischerdorf war vor Ankunft der Briten einer der größten Inselorte. Die Briten bauten hier auf der strategisch günstig gelegenen Halbinsel eine Festung. Überreste aus beiden Epochen kann man noch heute sehen, Stanley zieht Besucher jedoch vor allem wegen der vielen ausgezeichneten Seafood-Restaurants und des großen Markts an *(siehe S. 16f)*.

9 Ap Lei Chau

Ap Lei Chau (»Entenzungeninsel«) gegenüber von Aberdeen ist weltweit die Insel mit der zweithöchsten Bevölkerungsdichte. Hier steht ein Hochhaus neben dem anderen. Schnäppchenjäger werden von den Factory Outlets im Süden der Insel *(siehe S. 76)* angezogen. An der Fähranlegestelle gibt es einige kleine Läden in Familienhand, Bootswerften und auch Tempel, die den modernen Bauboom überstanden haben. *Karte E5*

Chinese Cemetery

10 Chinese Cemetery

Der chinesische Friedhof nimmt den Hügel über Aberdeen ein – ein Paradies für Fotografen, denn hier oben kann man nicht nur den Friedhof selbst, sondern auch den Hafen unten fotografieren. Der Aufstieg auf der steilen und scheinbar endlosen Treppe ist vor allem an heißen Tagen anstrengend. *Karte E5*

Eine Rundfahrt

Vormittag

Diese Rundtour auf Hong Kong Island kann leicht an einem Tag bewältigt werden, sofern man früh aufbricht. In Central nehmen Sie den Bus nach Aberdeen und steigen am **Aberdeen Harbour** aus. Feilschen Sie mit einem der Sampan-Anbieter um eine Hafentour – eine informative Führung sollten Sie allerdings nicht erwarten. Schauen Sie sich lieber die wenigen dieser erhaltenen Hausboote an. Die auf Massenbetrieb eingestellten **Floating Restaurants** sollten Sie links liegen lassen und stattdessen in der **Repulse Bay** zu Mittag essen. Diese ist vom Hafen aus mit dem Bus in 15 Minuten zu erreichen. Genießen Sie den Strand, schwimmen Sie ein bisschen und essen Sie dann in einem der Strandcafés, etwa in **The Verandah** *(siehe S. 77)*, oder decken Sie sich im Supermarkt dahinter für ein Picknick ein.

Nachmittag

Eine kurze Fahrt entlang der Küste nach Süden bringt Sie in das charmante **Stanley**. Falls Sie noch nichts gegessen haben, können Sie hier in einigen exzellenten Restaurants speisen – Meerblick inbegriffen. Auf dem **Stanley Market** *(siehe S. 39)* kann man stundenlang nach Kleidung und Souvenirs stöbern, auch wenn dies nicht gerade Hongkongs bester Markt ist. Wenn Sie noch etwas wandern wollen, fahren Sie mit dem Taxi in den Tai-Tam-Landschaftspark. Ein Weg führt zur Wong-Nai-Chung-Schlucht – von dort geht es per Taxi wieder zurück.

Spaziergänge auf Hong Kong Island **siehe S. 46f**

Links **Schlussverkauf in einem Outlet** Rechts **The Birdcage**

Top 10 Factory Outlets auf Ap Lei Chau

1 Horizon Plaza
In dem schäbigen Hochhaus am Rand der Insel Ap Lei Chau *(siehe S. 75)* gibt es einige Discountläden für Kleidung, Möbel, Antiquitäten und Wohndekor. Die Plaza erreicht man am besten mit einem Taxi von Aberdeen aus.
2 Lee Wing St, Ap Lei Chau • Karte E5

2 Joyce Warehouse
Die große Auswahl an ausrangierten Designerwaren aus den Filialen der Hongkonger Kette Joyce ist der Hauptgrund, um zur Horizon Plaza *(oben)* zu fahren. Es gibt Preisnachlässe von bis zu 60 Prozent, u. a. auf Mode von Armani. *21/F Horizon Plaza*

3 Replay
Das Kaufhaus hat nur eine begrenzte Auswahl an Freizeitkleidung, bietet aber Rabatte bis zu 80 Prozent. *19/F Horizon Plaza*

4 Inside
Der zurückhaltende Fabrikverkauf eines eleganten Einrichtungshauses veranstaltet Sonderverkäufe mit Preisnachlässen von bis zu 90 Prozent. *12/F Horizon Plaza*

5 The Birdcage
Der Laden bietet authentische chinesische Antiquitäten und Kuriositäten an, die vom Besitzer des Hauptladens auf dem Festland aufgespürt wurden. Dazu gehören kleine Antiquitäten, Nippes und Möbel.
22/F Horizon Plaza

6 Toys Club
Der kleine Laden wurde für seine Auswahl an pädagogisch wertvollem Spielzeug zu Kaufhauspreisen bereits ausgezeichnet. *9/F Horizon Plaza*

7 Lane Crawford Outlet
Hier verkauft das beliebte Hongkonger Kaufhaus Stücke und Ladenhüter der alten Kollektion zu stark reduzierten Preisen.
25/F Horizon Plaza

8 Matahari
Der große Laden und das Warenlager sind mit chinesischen Antiquitäten und deren Reproduktionen, Einrichtungsaccessoires, Gardinen, Seidenleuchten im Shanghai-Stil und handbemalten Kindermöbeln vollgestopft.
11/F Horizon Plaza

9 Space
Bei Space können Sie sich mit unnachahmlichen Designerstücken von Miuccia Prada eindecken – Taschen der letzten Saison, Accessoires, Schuhe und Kleidung. Das minimalistische Dekor ist typisch für Prada.
2/F East Commercial Block, Marina Square, South Horizons

10 Golden Flamingo
Hier wird sehr viel kleiner Nippes neben teuren Möbeln angeboten, darunter eine große Auswahl an schönen chinesischen Vasen, Bilderrahmen und lackierten Schmuckkästchen.
27/F Horizon Plaza

Saigon at Stanley

Preiskategorien		
Preis für ein Drei-Gänge-Menü pro Person mit einer halben Flasche Wein, inkl. Steuern und Service.	$	unter 100 HK$
	$$	100–250 HK$
	$$$	250–450 HK$
	$$$$	450–600 HK$
	$$$$$	über 600 HK$

TOP 10 Restaurants

1 The Verandah

Im zweifellos besten Restaurant der Southside wird bei Kerzenschein diniert. Meerblick und koloniale Eleganz sorgen für pure Romantik. *109 Repulse Bay Rd, Repulse Bay • Karte F5 • 2292 2822 • $$$$*

2 The Black Sheep

Schlendern Sie durch die ruhigen Gassen der Künstlerkolonie von Shek O. Dort treffen Sie auf dieses vegetarische Öko-Café. *330 Shek O Rd, Shek O • Karte F5 • 2809 2021 • $$$*

3 Pickled Pelican

Hier gibt es typisches englisches Pub-Essen sowie eine gute Auswahl an Whisky- und Bierspezialitäten. *90 Stanley Main St, Stanley • Karte F6 • 2813 4313 • $$*

4 Spices

Eines der schönsten Freiluftlokale von Hongkong bietet entspannte Atmosphäre und guten Service. Die thailändischen und indischen Currys schmecken in den gepflegten Gärten besonders gut. *G/F The Repulse Bay Hotel, 109 Repulse Bay Rd, Repulse Bay • Karte F5 • 2292 2821 • $$$*

5 The Boathouse

Der Service könnte besser sein, doch der Meerblick von den Tischen im Freien oder vom Obergeschoss ist toll. Fish and Chips und die Seafood-Gerichte sind gut. *88 Main St, Stanley • Karte F6 • 2813 4467 • $$$*

6 Saigon at Stanley

Einen Tag in Stanley kann man in dem malerischen vietnamesischen Restaurant beschließen. Romantiker bevorzugen bei Sonnenuntergang die Tische am Balkon. *101 Murray House, Stanley Plaza • Karte F6 • 2899 0999 • $$$*

7 Top Deck

Ortsansässige meiden schwimmende Restaurants, sind die meisten doch Touristenfallen. Eine Ausnahme bildet seit der Renovierung das Top Deck der *Jumbo* mit dem großartigen Seafood-Büfett *(siehe S. 49)*. *Oberdeck, Jumbo Kingdom, Shum Wan Pier Drive, Aberdeen • Karte F5 • 2552 3331 • $$$*

8 Coco Thai

Das unaufdringliche Lokal am Strand ist abends besonders romantisch. Dann kann man die Thai-Küche mit Blick aufs Meer genießen. *Island Rd, Deepwater Bay • Karte E5 • 2812 1826 • $$*

9 Smuggler's Inn

Der Bauboom in Stanley hat dieses Restaurant zum Glück verschont. Früher gaben britische Soldaten hier ihren Sold aus. *90A Stanley Main St • Karte F6 • 2813 8852 • $$*

10 Lucy's

Das stets gut besuchte Restaurant mit Bistroküche ist mediterran, entspannt und überdurchschnittlich gut. *64 Stanley Main St • Karte F6 • 2813 9055 • $$$*

Falls nicht anders angegeben, akzeptieren alle Restaurants Kreditkarten und bieten auch vegetarische Gerichte an.

Links **Cultural Centre** Mitte **Austern, Sheraton Hotel** Rechts **Wasserspeier, Boom Bar**

Kowloon: Tsim Sha Tsui

AUF DEN ERSTEN BLICK *wirkt Tsim Sha Tsui (allgemein »TST« genannt – eine freundliche Geste an alle Besucher, die kein Chinesisch sprechen) wie ein typisches, aber hoffnungslos veraltetes Urlaubergetto einer asiatischen Hafenstadt: Die Schneider und Fotohändler können sich vor Kunden kaum retten und viel zu viele Gäste versumpfen in den Rotlichtbars. Doch TST bietet mehr. Es gibt etliche kulturelle Attraktionen, Sammlungen, Museen von Weltrang und prächtige Luxushotels, darunter das Peninsula, das InterContinental und das Langham. Harbour City ist ein Shopping-Paradies.*

TOP 10 Attraktionen

1. Golden Mile
2. Peninsula Hotel
3. Museum of History
4. Space Museum
5. Science Museum
6. Museum of Art
7. Kowloon Mosque
8. Cultural Centre
9. Clocktower
10. Kowloon Park

Vor dem Peninsula Hotel

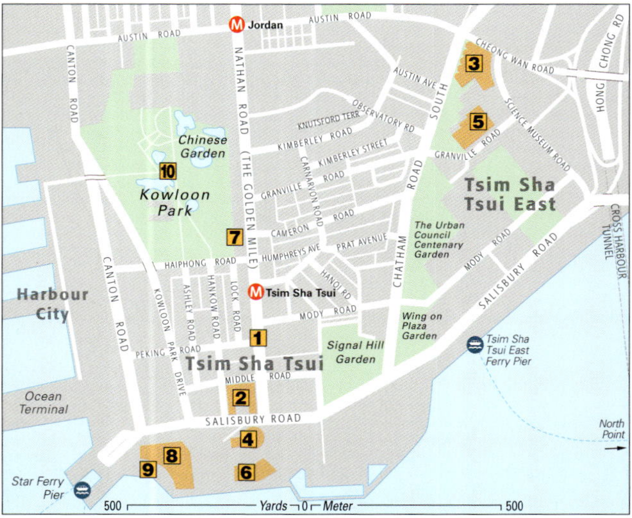

Vorhergehende Doppelseite **Plover Cove in den New Territories**

Golden Mile

1 Golden Mile

Der Abschnitt der Nathan Road bis zum Hafen sollte eher »Neonmeile« heißen, denn er ist weniger chic als die Straßen in Central. Hier befinden sich vor allem Bars, Restaurants, Schneidereien, Foto- und Elektronikläden sowie einige Oben-ohne-Bars. Auf der »Goldenen Meile« ist es oft so voll, dass man kaum vorankommt. *Karte N1–N4*

2 Peninsula Hotel

Mehr Luxus und Service bietet wohl kein anderes Hotel. Das ehrwürdige Peninsula erinnert an eine stolze Matrone, die über die atemberaubende Skyline von Hong Kong Island blickt. Die Preise der günstigsten Zimmer beginnen da, wo die vieler anderer First-Class-Hotels aufhören. Eine Nacht in der Peninsula Suite kostet so viel wie ein Neuwagen. Im Hotel gibt es acht Bars und Restaurants, darunter das von Philippe Starck entworfene Felix und das bei Kunstfreunden beliebte Gaddi's *(siehe S. 87)*. Wer möchte, kann mit dem Hubschrauber auf dem Dach landen oder auch im Rolls-Royce vorfahren *(siehe S. 147)*. *Salisbury Rd, Kowloon • Karte N4*

3 Museum of History

In dem für rund 400 Millionen HK$ erbauten Museum verschlang die »Hong Kong Story« allein die Hälfte der Summe. Die Ausstellung erstreckt sich über acht Säle mit mehr als 4000 Exponaten, die die natürlichen Gegebenheiten der Region Hongkong, ihre Kulturen und ihre Geschichte überaus anschaulich illustrieren. *100 Chatham Rd South • Karte M3 • 2724 9042 • www.lcsd.gov.hk/CE/Museum/History • Mo & Mi–Sa 10–18 Uhr, So & Feiertage 10–19 Uhr • Eintritt (Mi frei)*

4 Space Museum

In diesem Museum blickt man nicht in die Vergangenheit, sondern in die Zukunft. In der auffälligen Kuppel mitten in TST kann man das Omnimax-Kino besuchen oder mit einem Jetpack fliegen. *Cultural Centre Complex, 10 Salisbury Rd • Karte N4 • 2721 0226 • Mo & Mi–Fr 13–21 Uhr, Sa, So & Feiertage 10–21 Uhr • Eintritt (Mi frei)*

Links **Museum of History** Rechts **Space Museum**

Infos zum Space Museum **www.lcsd.gov.hk/CE/Museum/Space**

Links **Science Museum** Rechts **Cultural Centre**

5 Science Museum

Für den Besuch der spannenden interaktiven Ausstellungen muss man sich in der Regel durch Horden von Schulklassen kämpfen. Überall kann man Knöpfe drücken, Technik ausprobieren und Hebel umlegen – eine Herausforderung auch für anspruchsvolle Kinder. Grundprinzipien aus Chemie, Physik, Biologie und anderen Naturwissenschaften werden unterhaltsam erklärt. *2 Science Museum Rd • Karte P3 • 2732 3232 • www.lcsd.gov.hk/CE/Museum/Science • Mo–Mi & Fr 13–21 Uhr, Sa, So & Feiertage 10–21 Uhr • Eintritt (Mi frei)*

6 Museum of Art

Wer noch nicht museumsmüde ist, kann hier Ölgemälde, Kupferstiche, Lithografien und Kalligrafien anschauen. Ausgestellt sind auch südchinesische Keramikfunde aus der Jungsteinzeit sowie eine Sammlung eleganten Porzellans aus verschiedenen chinesischen Dynastien. *Cultural Centre Complex, 10 Salisbury Rd • Karte N4 • 2721 0116 • tägl. 10–18 Uhr (Sa bis 20 Uhr) • Eintritt (Mi frei)*

Museum of Art

Chungking Mansions

Die unansehnliche Ansammlung von Gästehäusern, Absteigen und kleinen Kinos mitten in der glitzernden Nathan Road ist so legendär, dass sie noch immer nicht abgerissen wurde. In den ersten drei Stockwerken drängen sich Stoffläden, Fast-Food-Imbisse und düstere Videotheken. Man stolpert inmitten von Ratten- und Mausefallen über Obdachlose. Der Hongkonger Regisseur Wong Kar-Wai drehte hier 1994 seinen Kinohit *Chungking Express*. In einem der günstigen indischen Restaurants *(siehe S. 87)* lernt man die Mansions am besten kennen.

7 Kowloon Mosque

Wenn der Muezzin zum Gebet ruft, treffen sich die meisten Muslime Hongkongs im Jamia Masjid Islamic Centre. Man kann die Moschee teilweise besichtigen – bitte respektvoll und ohne Schuhe. Den Innenbereich dürfen nur Muslime zum Gebet betreten. *105 Nathan Rd • Karte N3 • 2724 0095 • tägl. 5–22 Uhr • Jumah (Freitagsgebet) um 13.15 Uhr*

8 Cultural Centre

Trotz der einzigartigen Aussicht auf das Wasser entschieden sich die Architekten, ein fensterloses Gebäude zu errichten und es mit rosafarbenen Kacheln zu verkleiden, die an WC-Fliesen erinnern. Heute kann man im Kulturzentrum umhergehen und sich über das »Architekturdebakel«

Museum of Art **www.lcsd.gov.hk/CE/Museum/Arts**

Clocktower

wundern. Die Theater- und Tanzinszenierungen sind allerdings sehenswert.
10 Salisbury Rd • Karte M4–N4 • 2734 9009 • Tickets: tägl. 9–23 Uhr

9 Clocktower

Die Kowloon-Canton Railway endet heute in Hung Hom, führte aber ursprünglich zu diesem Uhrturm *(siehe S. 14)* – wie auch der berühmte Orient Express. Auf einer neu eröffneten Linie gelangt man nun wieder zur Spitze von Kowloon. Vom Turm aus kann man über einen Kilometer am Hafen entlanggehen und die Angler beobachten, die voller Hoffnung ihre Ruten auswerfen.
Karte M4

10 Kowloon Park

In TST wird man sehr häufig »Möchten Sie eine gefälschte Uhr?« oder »Anzug gefällig?« gefragt – das ist anstrengend. Hinter den Parktoren auf einer schattigen Bank kann man Ruhe und Gelassenheit wiederfinden. Im Park gibt es ein großes Schwimmbad (das als Schwulentreffpunkt gilt) sowie einen Teich mit Flamingos und anderen Wasservögeln. *Haiphong Rd • Karte M3–N3 • tägl. 6–24 Uhr*

Kowloon Park

Eine Tour durch TST

Vormittag

Fahren Sie mit der **Star Ferry** *(siehe S. 14f)* nach TST: Blicken Sie dabei nach links auf die gewaltige West Kowloon Reclamation Site und den strahlend silbernen International Commerce Centre Tower. Das 118-stöckige Gebäude beherbergt Hotels, Apartments und ein Aussichtsdeck.

Haben Sie das Gedränge beim Ausstieg überstanden, bummeln Sie am alten **Clocktower** vorbei. Genießen Sie hier einen der schönsten Ausblicke der Welt. Überqueren Sie die Salisbury Road und trinken Sie im **Peninsula Hotel** Tee.

Stürzen Sie sich ins Getümmel auf der **Golden Mile**. Wenn Sie nichts kaufen wollen, sollten Sie den Blickkontakt mit den Schleppern vermeiden – sie kennen nämlich kein »Nein«. Gehen Sie einfach weiter.

Zum Brunch

Wenn Sie vom Smog, fliegenden Händlern und dem Gedränge genug haben, überqueren Sie die Haiphong Road zum weitläufigen **Kowloon Park**. Hier kann man entspannen und gut Leute beobachten.

Falls Sie nun hungrig sind, sollten Sie zurück zur Nathan Road und dort ins Joyce Café gehen. Hier gibt es günstige vegetarische Gerichte und laut schnatternde *tai-tais* (reiche Hausfrauen), die ihre morgendlichen Einkäufe vergleichen. Espresso und Cappuccino sind erstklassig, die vegetarische Lasagne ist einfach lecker.

Hotels in TST finden Sie im Internet unter
www.holidaycity.com/hk-tsimshatsui

Links **Chungking Mansions** Mitte **Kowloon Park** Rechts **Langham Hotel**

TOP 10 Plätze zum Leutebeobachten

1 Tao Heung
Gesellen Sie sich hier frühmorgens zu den Kantonesen und deren Familien und genießen Sie ein unvergleichliches Dim-Sum-Frühstück. Sie können aber auch in aller Ruhe nur eine Tasse Tee trinken und Zeitung lesen. *3/F Silvercord Centre, 30 Canton Rd • Karte M3 • 2375 9128 • $$*

2 Chungking Mansions
Hier kann man stundenlang den Strom an Rucksackurlaubern und besonders eigentümlichen Menschen beobachten *(siehe S. 82 & S. 152).*

3 Mirador Mansions
Weniger berühmt als Chungking Mansions, gleichwohl spannend: Hier sieht man noch mehr merkwürdige Leute und Rucksackurlauber. *54–64 Nathan Rd • Karte N4*

4 Kowloon Park
Die besten Plätze sind die Bänke beim Brunnen im Herzen des Parks, vor allem im Sommer *(siehe S. 83).*

5 Felix
Wem das Essen hier zu teuer ist, trinkt etwas an der Bar und schaut zu, wie jeder jeden beobachtet *(siehe S. 87).*

6 Harbour City
Im Labyrinth der Shopping-Mall mit Cafés und Bänken kann man Leuten im Konsumrausch zusehen *(siehe S. 85).*

7 Waterfront Promenade
Östlich der Anlegestelle der Star Ferry tummeln sich zwischen Museen und Fünf-Sterne-Hotels praktizierende Tai-Chi-Anhänger, Kulturinteressierte und Damen mit zierlichen Hündchen. *Salisbury Rd • Karte M4–N4*

8 Langham Hotel
Das Langham zieht Gäste an, die diskrete Eleganz zu schätzen wissen – etwa Filmstar Michelle Yeoh, die vielleicht gerade auf dem Weg zum T'ang Court ist. *8 Peking Rd • Karte M4*

9 Häagen Dazs
In dieser Oase mit verglaster Theke und Stühlen, auf denen man fast thront, kann man sich herrlich abkühlen. Von hier oben hat man einen guten Blick auf die Shopping-Begeisterten in der Golden Mile. *Ecke Nathan & Peking Rd • Karte N4*

10 Chaser's Pub
Einer der besten Plätze zum Leutebeobachten liegt direkt an der vibrierenden Knutsford Terrace. Leider ist dies kein Geheimtipp mehr. *2–3 Knutsford Terrace • Karte N3*

Preiskategorien siehe S. 87

Links **Shopping-Mall Harbour City** Rechts **Joyce**

TOP 10 Shopping

1 Harbour City
Der riesige Komplex aus Shopping-Malls mit mindestens 700 Läden zieht sich an der Canton Road entlang und besteht aus dem Ocean Terminal, dem Ocean Centre und dem Golden Gateway. *Canton Rd • Karte M3–M4*

2 Granville Road
Dies ist eine gute Adresse für Souvenir-Shirts, gefälschte Markenprodukte und Fabrikverkäufe. Preiswerte Mode gibt es in den Filialen von Bossini und Giordano. *Karte N3*

3 Joyce
Gründerin Joyce Ma ist eine Hongkonger Institution: Ihr Flagship-Store liegt in Central, doch auch der Fabrikverkauf an der Canton Road kann sich sehen lassen, vor allem wenn es um Prada-Mode geht. *Laden 106, Golden Gateway, Canton Rd • Karte N4*

4 Rise Commercial Building
Hinter der langweiligen Fassade versteckt sich ein Paradies für Trendsetter. *Ecke Chatham Rd South & Granville Rd • Karte N3*

5 Beverley Centre
Die Läden junger Designer aus Hongkong auf allen Etagen waren einst der Inbegriff von Coolnesss in TST. *87–105 Chatham Rd South • Karte N3*

6 Davidoff
Wer gern eine gute Zigarre genießt, weiß die beeindruckende Auswahl des Ladens sicherlich zu schätzen. *Laden EL3, The Peninsula Arcade • Karte N4*

7 Star House
Hier darf man um PCs, Software und technische Spielereien feilschen. *3 Salisbury Rd • Karte M4*

8 Toys 'R' Us
Dies ist die wahrscheinlich größte Filiale in Hongkong. Ihre Kinder werden diesen Laden lieben, Ihre Brieftasche wohl eher nicht. *Laden OTG23 G/F, Ocean Centre • Karte M4*

9 Fortress
Wer Elektronikprodukte sucht und vom unübersichtlichen Angebot in TST überwältigt ist, sollte zu einer Filiale von Fortress gehen. *Laden 335–337, Ocean Centre • Karte M4*

10 Sam's Tailor
Ehemalige Kunden, darunter Prinzen, Präsidenten und Popstars, blicken aus den Fotografien an den Wänden des Herrenausstatters. Die Familie Melwani schneidert in dritter Generation Maßanzüge. *Burlington Arcade, 94 Nathan Rd • Karte N3*

Links **Schnurrbart** Mitte **Oyster and Wine Bar im Sheraton Hotel** Rechts **Morton's of Chicago**

TOP 10 Kneipen & Bars

1 Aqua Spirit
Hier kann man in einem Clubsessel sitzen, Champagner trinken und zusehen, wie die Lichter im Hafen angehen. *29/F Peking Rd • Karte M4*

2 The Lobby Lounge
In der Lobby des InterContinental hat man die beste Aussicht auf den Hafen – was einen die Preise für die Drinks vergessen lässt. *18 Salisbury Rd • Karte N4*

3 Mes Amis
Das Angebot an offenen Weinen und die Cocktailkarte wissen Besucher wie Einheimische zu schätzen. Mittwochs ist Ladies' Night. *G/F 15 Ashley Rd • Karte N4*

4 The Bar
Die edle Bar bietet sich als angenehmer Fluchtort vor den Massen an – man muss ihn allerdings teuer bezahlen. *1/F The Peninsula • Karte N4*

5 Biergarten
In Hongkong ist Platz knapp, erwarten Sie also keinen Garten, doch hier gibt es deutsches Bier und auch eine deutsche Speisekarte. Bis 2 Uhr nachts ist geöffnet. *8 Hanoi Rd • Karte N3*

6 Schnurrbart
Das sehr gute deutsche Gasthaus weckt Heimatgefühle. Beim Warten auf das gezapfte Bier hilft ein Schnaps. *9 Prat Ave • Karte N3*

7 Balalaika
Hier kann man eisgekühlten Wodka in einem Raum mit Kühlschranktemperatur trinken – falls Ihnen zu kalt wird, gibt es einen Pelzmantel *(siehe S. 87)*.

8 Bahama Mama's
Bahama Mama's ist ein wenig abgenutzt, aber noch immer die beste Kneipe an der schicken Knutsford Terrace. Die DJs spielen verschiedene Musikstile. Zudem gibt es Tischfußball, Surfbretter sowie starke Longdrinks und Cocktails. *4–5 Knutsford Tce • Karte N3*

9 Sky Lounge
Die Sky Lounge ist nicht nur gemütlich, sie bietet auch einen schönen Blick auf die abendlichen Lichter am Hafen. Dazu passt sehr gut ein Glas Wein. *The Sheraton, 20 Nathan Rd • Karte N4*

10 Ned Kelly's Last Stand
Die Kneipe und die dazugehörige Jazzband scheint es schon seit Ewigkeiten zu geben. Genießen Sie Musik, die ins Blut geht, dargeboten von der eingespieltesten Band östlich von New Orleans. *11A Ashley Rd • Karte N3*

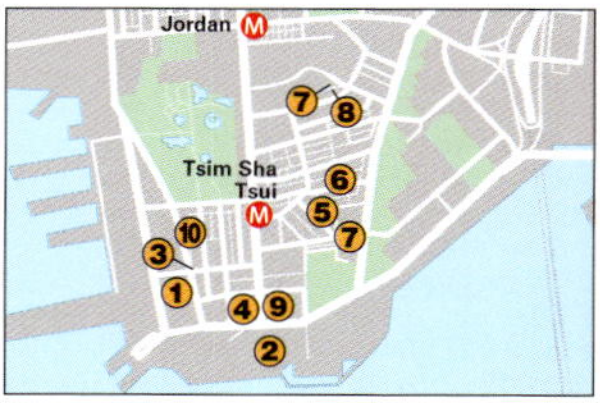

Bars & Clubs in Hongkong **siehe S. 52f**

Gaylord

Preiskategorien

Preis für ein Drei-Gänge-Menü pro Person mit einer halben Flasche Wein, inkl. Steuern und Service.	$	unter 100 HK$
	$$	100–250 HK$
	$$$	250–450 HK$
	$$$$	450–600 HK$
	$$$$$	über 600 HK$

Top 10 Restaurants

1 Oyster and Wine Bar
Der Ausblick ist herrlich und die Austern zucken noch, wenn man sie mit Zitronensaft beträufelt. *18/F The Sheraton, 20 Nathan Rd • Karte N4 • 2369 1111 • $$$$$*

2 Felix
Das Essen ist herausragend, die Aussicht noch besser. An der Bar drängen sich die Reichen und Berühmten der Stadt. Höhepunkt (für Männer) sind die von Philippe Starck entworfenen Urinale vor einer Glaswand: Man glaubt, auf ganz Hongkong zu pinkeln. *28/F The Peninsula • Karte N4 • 2315 3188 • $$$$$*

3 Morton's of Chicago
Im Paradies für Fleischliebhaber gibt es riesige Portionen Rindfleisch, gut abgehangen und perfekt zubereitet. *4/F The Sheraton • Karte N4 • 2732 2343 • $$$$$*

4 Dynasty
Die kantonesische Küche ist ganz hervorragend. *4/F New World Renaissance Hotel, 22 Salisbury Rd • Karte N4 • 2734 6600 • $$$$*

5 Balalaika
Die Einrichtung ist eher bodenständig als russisch. Probieren Sie Piroggen, Borschtsch und eisgekühlten Stoli. *2/F 10 Knutsford Tce • Karte N3 • 2312 6222 • $$$*

6 Gaddi's
Ausgezeichnete französische Küche, perfekter Service und berühmte Gäste: Gaddi's hat sich den Ruf, eines der besten Restaurants in Asien zu sein, verdient. *1/F The Peninsula • Karte N4 • 2315 3171 • $$$$$*

7 Delaney's
In gemütlichen Nischen kann man zur guten irischen Küche eine große Auswahl an Whiskys und Bier vom Fass genießen. *Untergeschoss Mary Bldg, 71–77 Peking Rd • Karte N4 • 2301 3980 • $$*

8 Gaylord
Das Lokal serviert seit über 30 Jahren bei indischer Live-Musik Curry-Gerichte. *1/F Ashley Centre, 23–25 Ashley Rd • Karte N3 • 2376 1001 • $$*

9 Spoon
In dem französischen Spitzenrestaurant von Alain Ducasse hängen 550 Löffel von der Decke. *Hotel InterContinental, 18 Salisbury Rd • Karte N4 • 2313 2323 • $$$$$*

10 Hutong
Das Restaurant befindet sich in einem reizend beleuchteten Penthouse. Serviert werden edle Klassiker aus Nordchina. *28/F 1 Peking Rd • Karte M4 • 3428 8342 • $$$$*

Falls nicht anders angegeben, akzeptieren alle Restaurants Kreditkarten und bieten auch vegetarische Gerichte an.

Links **Am Hafen in Kowloon** Mitte **Marktstand, Reclamation Street** Rechts **Vogelliebhaber**

Kowloon: Yau Ma Tei, Mong Kok & Prince Edward

RAU, PROLETARISCH UND SPANNEND: *Yau Ma Tei und Mong Kok bieten einen ganz eigenen Mix aus Karaokebars, finsteren Hauseingängen und Straßenmärkten. Prince Edward ist eine bessere Wohngegend. Wenn man Hongkong mit allen Sinnen erfahren will, dann kann man dies am besten inmitten dieser hektischen Straßen tun, wo an jeder Ecke etwas los ist. Nur wenige erinnern sich noch daran, dass sich hier einst Felder erstreckten. Heute ist das Areal ein rein kantonesisches Viertel mit guten Läden und ursprünglichen Restaurants: ein überwältigendes, unvergessliches Erlebnis.*

Top 10 Attraktionen

1. Bird Garden
2. Flower Market
3. Tin Hau Temple
4. Temple Street Night Market
5. Jade Market
6. Ladies Market
7. West Kowloon Reclamation
8. Boundary Street
9. Shanghai Street
10. Reclamation Street Market

Detail an der Fassade des Tin Hau Temple

Temple Street

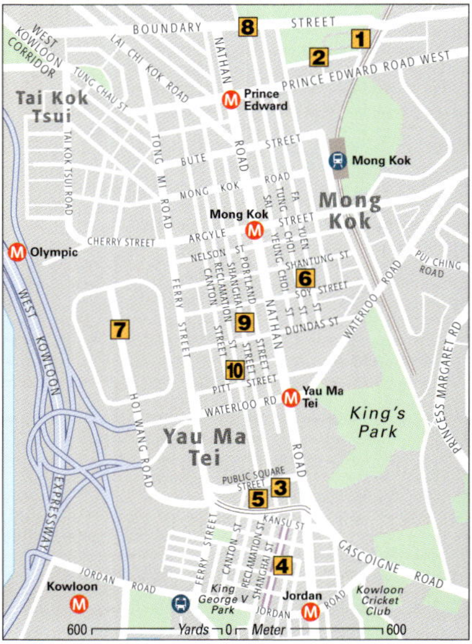

Kowloon bedeutet »neun Drachen«.

Bird Garden mit kleinem Vogelmarkt

1 Bird Garden

In dem kleinen, hübschen Vogelgarten lassen ältere Chinesen ihre Vögel singen und frische Luft schnappen. Es gibt hier auch einen kleinen Vogelmarkt *(siehe S. 39)*, auf dem Sperlinge, Finken und Singvögel in eleganten, kleinen Käfigen zum Verkauf angeboten werden. Frisches Vogelfutter in Form von lebenden Heuschrecken wird den Tieren mit Stäbchen verabreicht. *Yuen Po St*

2 Flower Market

Nahe dem Bird Garden liegt der geschäftige Blumenmarkt, der vor allem morgens in allen Farben leuchtet und strahlt. Die Buden und Läden säumen die Flower Market Road und verkaufen eine große Auswahl exotischer Blumen – ein wunderbarer, farbenfroher Anblick, ideal für Fotos. Besonders aufregend ist hier ein Besuch während des chinesischen Neujahrs *(siehe S. 36)*. *Flower Market Rd*

3 Tin Hau Temple

Der Tin-Hau-Tempel in Yau Ma Tei besteht aus drei Bereichen. Nur einer von ihnen ist der Meeresgöttin Tin Hau geweiht, der beliebtesten Gottheit und eigentlichen Schutzpatronin von Hongkong. Der Tempel ist reizvoll, obwohl er weder der älteste noch der schönste der Stadt ist. Die anderen zwei Tempelbereiche sind dem Stadtgott Shing Wong und dem Erdgott To Tei geweiht. Im Tempelinneren ist Fotografieren nicht gestattet. Am hinteren Teil des Tempels kann man sich (auf Englisch) an den kleinen Buden die Zukunft vorhersagen lassen. *Karte M1*
• *tägl. 8–17 Uhr*

4 Temple Street Night Market

Besuchen Sie den chaotischen, stets überfüllten Nachtmarkt an der Temple Street – es ist ein Erlebnis an sich, auch ohne dass man etwas kauft *(siehe S. 18f)*.

Links **Flower Market** Rechts **Tin Hau Temple**

Mehr Märkte in Hongkong **siehe S. 38f**

Links **Nebenstraße beim Tin Hau Temple** Mitte **Jadeschmuck** Rechts **Shanghai Street**

5 Jade Market

Der kleine überdachte Jademarkt lohnt einen Kurzbesuch, auch wenn man nichts kaufen möchte. An Dutzenden Ständen werden Schmuck, kleine Tiere (viele stellen chinesische Tierkreiszeichen dar) und Perlen aus Jade verkauft. Zwar gibt es wenig echte Schnäppchen, doch die Preise sind günstig, sofern man nur einfachen Schmuck sucht.
Kansu St • Karte M1

6 Ladies Market

Der Begriff »Ladies« wirkt etwas überholt, denn hier wird mehr als nur Damenbekleidung verkauft. In drei Parallelstraßen werden Waren feilgeboten: in der Fa Yuen Street (vor allem Sportartikel), in der Tung Choi Street, dem ursprünglichen »Damenmarkt«, und in der Sa Yeung Choi Street (vor allem Elektronikartikel). Die Preise an den Ständen sind niedrig, die Läden preiswerter als anderswo. An heißen Tagen ist der Massenbetrieb hier anstrengend. *Karte E4*

7 West Kowloon Reclamation

Das Landgewinnungsprojekt West Kowloon ist ein Durcheinander von Kreuzungen und Großbaustellen, von denen einige noch gar nicht exakt geplant sind.

Triaden

Das dicht besiedelte Mong Kok ist die Heimat der Triaden-Mafia: Triaden entstanden im China des 17. Jahrhunderts als Geheimbünde. Sie versuchten, die Ming-Dynastie wieder an die Macht zu bringen und die mandschurische Quing-Dynastie zu stürzen. Literatur und Kino idealisierten die Triaden, de facto sind es kriminelle Vereinigungen. Urlauber sind jedoch vor ihnen sicher: Dieses aufregende Viertel kann man völlig unbehelligt besuchen.

Das 2010 eröffnete International Commerce Centre überragt alles. Mit 484 Metern Höhe übertrifft das heute höchste Gebäude von Hongkong den früheren Spitzenreiter Two IFC Tower *(siehe S. 59)* auf der anderen Hafenseite um über 60 Meter. *Karte L1–L3*

8 Boundary Street

Die Geschichte der Kronkolonie wird in der schnurgeraden Linie der Boundary Street sichtbar, die 1860–98 die Grenze zwischen der britischen Kolonie Hongkong und China markierte. Den unteren Teil der Halbinsel von Kowloon musste China an Großbritannien abtreten, das zusätzliches Land brauchte, um Manöver abzuhalten und seine Wirtschaft zu fördern. Das reichte

Geplant wird derzeit das West Kowloon Cultural District mit Museen, Theatern & Konzerthallen **www.wkcdauthority.hk**

den Briten allerdings nicht: Sie sorgten sich um die Wasserversorgung und forderten weiteres Land, um Hong Kong Island vor der damals neuartigen Artillerie mit weitreichenden Geschossen zu schützen. 1898 wurde die Grenze erneut verschoben und umfasste die gesamten New Territories – als Pacht für 99 Jahre *(siehe S. 30)*. *Karte E4*

9 Shanghai Street

Die Gegend rund um Shanghai Street und Reclamation Street ist ein ursprüngliches, chinesisches Viertel, allerdings weniger lebendig und schäbiger als früher. Es gibt unzählige typisch chinesische Läden. Interessant sind Beerdigungsinstitute, Läden für Kräuter, chinesische Medizin, Tees und Papierdrachen sowie ein Laden, der eingelegte Schlangen verkauft (21 Ning Po Street). *Karte E4*

10 Reclamation Street Market

Der Markt in der Reclamation Street ist ein authentischer und sehr lebhafter Hongkonger Lebensmittelmarkt. Der Obst- und Gemüsemarkt bietet zahlreiche Motive für Fotografen. Empfindliche Naturen sollten allerdings auf den Besuch der städtischen Markthallen verzichten, in denen Tiere geschlachtet und an Ort und Stelle ausgenommen werden. *Karte E4*

Haushaltswarenladen, Shanghai Street

Auf der Halbinsel

Vormittag

Fahren Sie mit der MTR nach Prince Edward, und beginnen Sie die Tour an der Spitze der Kowloon-Halbinsel. Die **Boundary Street** markierte einst die Grenze zu China. Nehmen Sie Ausgang B2 und gehen Sie anschließend zum **Bird Garden**, vorbei an den Blumenläden und -ständen des **Flower Market**. Am Goldfish Market *(siehe S. 39)* am Anfang der Tung Choi Street zeigt sich die Liebe der Chinesen für exotische Goldfische, die hier in großer Arten- und Farbenvielfalt angeboten werden.

Billigläden und Marktstände gibt es etwas weiter südlich in den Straßen unterhalb der Argyle Street und östlich der Nathan Road. In diesem Teil der Halbinsel leben etwa 150 000 Menschen pro Quadratkilometer. Überqueren Sie die Nathan Road zum **Jade Market**. Vormittags ist das Angebot an Jadeprodukten am besten, da einige Stände schon mittags schließen.

Nachmittag

Gönnen Sie sich eine Pause auf dem reizvollen Platz gegenüber – schauen Sie einfach wie die alten Chinesen dem Treiben der Menschen zu, oder werfen Sie einen Blick in den **Tin Hau Temple**. Genießen Sie danach ein spätes chinesisches Mittagessen in den überdachten Imbissbuden an der Ecke von Pak Hoi und Temple Street. Besuchen Sie unbedingt die Stände des **Reclamation Street Market** und das alte chinesische Viertel rund um die **Shanghai Street**.

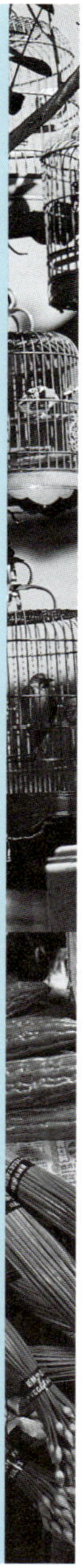

Shopping-Tipps **siehe S. 144**

Links **Chan Chi Kee Cutlery** Rechts **Sasa Cosmetics in der Nathan Road**

TOP 10 Interessante Läden

1 King Wah Building

Die angenehm ruhige Shopping-Mall bietet tolle Freizeitkleidung, Accessoires, Handtaschen und schicke Uhren. Hier findet man zudem echte Vintage- und Denim-Jeans sowie Raritäten aus den 1970er und 1980er Jahren nebst seltenen japanischen Comics. *628 Nathan Rd*

2 IT

Der moderne, coole Laden für japanische und amerikanische Straßenkleidung verkauft auch die dazu passenden Accessoires. *2/F IN's Square, 26 Sai Yeung Choi St*

3 Izzue

Wer gern die Nächte durchtanzt, findet bei Izzue das passende Outfit. *1/F IN's Square, 26 Sai Yeung Choi St*

4 Sony Pro Shops

Aktuelle Audio- und Video-Highlights gibt es bei den Sony Vaio, Walkman und Playstation Pro Shops in Sim Citys Computerläden. *Sim City, Chung Kiu Commercial Building, 47–51 Shan Tung St*

5 Mongkok Computer Centre

Die Angebote sind teurer als in Sham Shui Po *(siehe S. 98)*, dafür findet man eine große Auswahl an Spielen und Computerzubehör. *8A Nelson St*

6 Sasa Cosmetics

In dieser Filiale einer preisgünstigen Hongkonger Ladenkette gibt es Kosmetika jeder Couleur und sehr günstige Parfums. *I/F Hollywood Plaza, 610 Nathan Rd*

7 Ban Fan Floriculture

Die Porzellan- und Keramikvasen sowie die aus Weidenruten geflochtenen Blumenkörbe sind nicht gerade geschmackvoll, aber die Auswahl ist beeindruckend und die Preise sind niedrig. *Flower Market Rd*

8 Chan Chi Kee Cutlery

Hier gibt es preisgünstige, robuste Woks, Dampfkochtöpfe, Hackmesser und alles was sonst noch in keiner Küche fehlen darf. *316–318 Shanghai St*

9 Sandy Chung

Dies ist der Stand, den Sie auf dem Jademarkt aufsuchen sollten, falls Sie Perlen, Ketten oder anderen Schmuck kaufen wollen. Gehen Sie am besten zwischen 11 und 16 Uhr hin. *Stand 413–414, Kans St*

10 Fa Yuen Commercial Building

Audio- und Videofans sind hier in ihrem Element: Man findet immer die neuesten Produkte zu extrem fairen Preisen. *75–77 Fa Yuen St*

Izzue im Internet **www.izzue.com**

Preiskategorien

Preis für ein Drei-Gänge-Menü pro Person mit einer halben Flasche Wein, inkl. Steuern und Service.

$	unter 100 HK$
$$	100–250 HK$
$$$	250–450 HK$
$$$$	450–600 HK$
$$$$$	über 600 HK$

Links **Saint's Alp Teahouse** Rechts **The Lobby Lounge**

TOP 10 Preiswert & chinesisch essen

1 Majesty Seafood

Das Dim-Sum-Frühstück in dem hellen und zwanglosen Restaurant ist lecker und kostet nicht viel. *3/F Prudential Centre, 216–228 Nathan Rd • Karte N2 • 2723 2399 • $$*

2 Tai Ping Koon

Dies ist die Hongkonger Version der westlichen Küche. Versuchen Sie »Swiss« sauce chicken (Hühnchen in süßer Sauce). *19–21 Mau Lam St • 2384 3385 • $$*

3 Mui Chai Kee

Hier kann man zu einer Tasse Tee Fruchtgelee und Lotosteigbrötchen kosten. Mutige probieren ein Vogelnest mit Eiertörtchen oder gekochte Eileiter von Fröschen in Kokosmilch. *G/F 120 Parkes St • Karte N2 • 2388 8468 • keine Kreditkarten • $*

4 Peking Restaurant

Pekingente ist die Spezialität des charmanten Lokals. Auch der gebratene Yangzhou-Reis mit Schinken und Erbsen schmeckt gut. *I/F 227 Nathan Rd • Karte N2 • 2735 1316 • keine Kreditkarten • $$*

5 Saint's Alp Teahouse

Das zu einer großen Kette gehörende chinesische Teehaus im Taiwan-Stil bietet exzellente Snacks und verführerische Tees. *61A Shantung St • 2782 1438 • keine Kreditkarten • $*

6 Tim Ho Wan

Gäste stehen Schlange für Reis im Lotosblatt, Cha-Siu-Pastete oder Dattelkuchen – zubereitet von einem Sternekoch. *Taui Yuen Mansion 2, 2–20 Kwong Wa St, Mong Kok • Karte E4 • 2332 2896 • $*

7 Ah Long Pakistan Halal Food

Wer scharfe Currys mag, ist hier richtig – das Viertel wirkt jedoch kaum einladend. *G/F Tak Lee Bldg, 95 Woosung St • Karte N2 • 2385 3382 • keine Kreditkarten • $$*

8 Fairwood

Die Filiale einer chinesischen Fast-Food-Kette bietet sogar CD-Player und Internet-Stationen. *B/F King Wah Centre, 620–628 Nathan Rd • 2302 1003 • keine Kreditkarten • $$*

9 The Lobby Lounge

Die Lounge ist wegen des gläsernen Atriums einen Besuch wert. Man kann auch im Freien den britischen Nachmittagstee genießen. *4/F The Eaton Hotel, 380 Nathan Rd • Karte N1 • 2710 1863 • $$*

10 Light Vegetarian

Hier gibt es Gerichte mit Fleischersatz wie Tofu. Der eigentliche Renner ist allerdings das Mittagsbüfett, das Nachtisch und eine Tasse Tee einschließt. *13 Jordan Rd • Karte N2 • 2384 2833 • keine Kreditkarten • $*

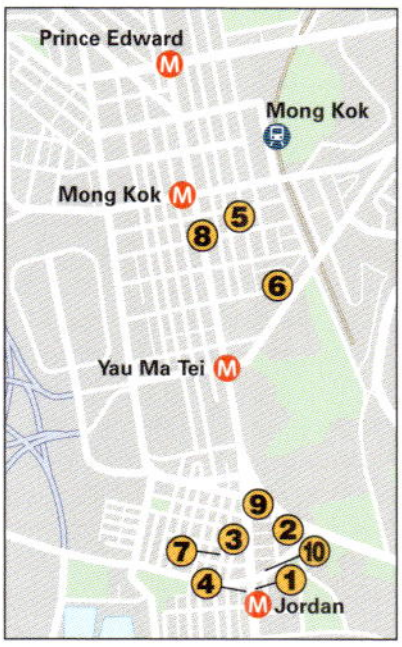

Falls nicht anders angegeben, akzeptieren alle Restaurants Kreditkarten und bieten auch vegetarische Gerichte an.

Links **Gebetsräucherstäbchen im Tempel** Rechts **Lion Rock**

New Kowloon

DAS AREAL DES ALTEN FLUGHAFENS *ließ man nicht brachliegen: Der alte Terminal in Kai Tak wurde in den größten Golfplatz der Welt umgewandelt. In den umliegenden Straßen kann man sehr gut und preisgünstig essen und einkaufen – hier gehen die Einheimischen auf Schnäppchenjagd. Kultur gibt es im Norden, wo die Chi Lin Nunnery aus der Zeit der Tang-Dynastie und der von Weihrauchduft erfüllte Wong Tai Sin Temple locken.*

Kowloon Walled City Park

TOP 10 Attraktionen

1. Wong Tai Sin Temple
2. Lion Rock
3. Kowloon Walled City Park
4. Oriental Golf City
5. Chi Lin Nunnery
6. Lei Yue Mun
7. Fat Jong Temple
8. Lei Cheng Uk Tomb
9. Hau Wong Temple
10. Apliu Street

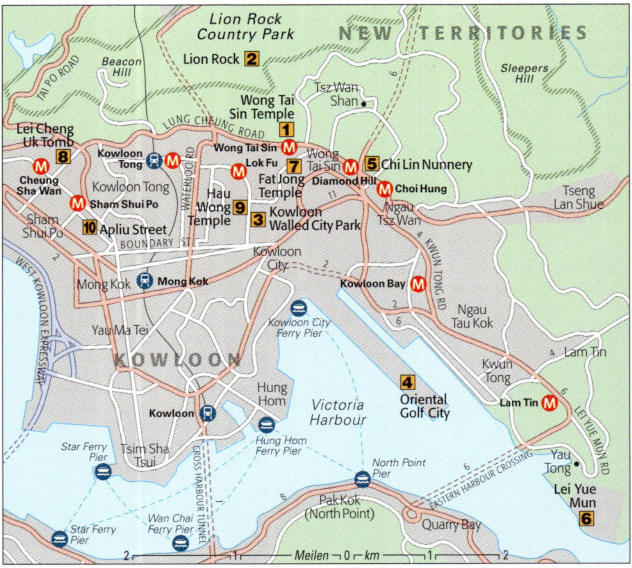

Shopping-Tipps **siehe S. 144**

Links **Räucherstäbchen als Opfergabe** Rechts **Wong Tai Sin Temple**

1 Wong Tai Sin Temple

Im stets überfüllten Tempel Wong Tai Sin herrscht inmitten der Weihrauchschwaden meist lautes, buntes Treiben. Der Legende nach konnte Wong Tai Sin (ursprünglich als Huang Chu-ping bekannt), der 328 n. Chr. in der Provinz Zhejiang geboren wurde, die Zukunft voraussagen und Wünsche erfüllen. Der Tempel wurde 1921 gegründet, nachdem ein taoistischer Priester ein heiliges Porträt von Huang nach Hongkong gebracht hatte. Die lebhafte, stark stilisierte Architektur des Baus steht in Kontrast zu den umliegenden Betonklötzen. Gläubige der drei chinesischen Hauptreligionen – Taoismus, Buddhismus und Konfuzianismus – pilgern hierher, hinzu kommen noch die rund 100 Wahrsager. Hinter dem Tempel liegt ein altes, geheimnisvolles Grab, das Historiker noch nicht einordnen können. *Karte F4 • tägl. 7–17.30 Uhr*

2 Lion Rock

Den Löwenfelsen sieht man am besten vom offenen Platz neben den Ständen der Wahrsager am Wong Tai Sin Temple: Hier wird die Form des Felsens, der aussieht wie der Kopf eines alten Löwen, deutlich. Man kann ihn erklimmen, sollte für die Tour jedoch ausreichend Wasser mitnehmen. Der 495 Meter hohe Gipfel bietet eine grandiose Aussicht. *Karte E4*

3 Kowloon Walled City Park

Der sehr reizvolle Park entstand 1847 als chinesisches Fort: Die Briten überließen die Festung chinesischer Verwaltung, nachdem die New Territories an Großbritannien verpachtet worden waren. Das Fort wurde im Zweiten Weltkrieg eingeebnet. An der Stelle entstand ein labyrinthisches Getto, bekannt als »Walled City« (»ummauerte Stadt«). Der Ort zog rasch die Triaden *(siehe S. 90)*, Drogenhändler, Junkies, Pornoverkäufer und hundegroße Ratten an *(siehe S. 96)*. 1992 wurde der Komplex abgerissen und durch einen Park ersetzt. Beim Eingang gibt es eine kleine Fotoausstellung. *Karte E4*

Labyrinth im Kowloon Walled City Park

4 Oriental Golf City

Die Driving Range mit über 200 Abschlagplätzen auf dem Gelände des ehemaligen Flughafens Kai Tak ist angeblich der größte Golfplatz der Welt. Hier kann man auch ohne Beziehungen zu Clubmitgliedern Golf spielen. *Kai Tak Runway, Kai Fuk Rd • Karte F4 • 2522 2111 • tägl. 7–24 Uhr • Eintritt*

Kowloon Walled City Park im Internet
www.lcsd.gov.hk/parks/kwcp

Chi Lin Nunnery

5 Chi Lin Nunnery

Angeblich wurde beim Bau des pompösen Tempels aus der Tang-Dynastie (618–907 n. Chr.) kein einziger Nagel verwendet. Das Nonnenkloster, das im Jahr 2000 hier gegründet wurde, finanziert sich aus den Spenden reicher Familien. In der Haupthalle und den Seitenflügeln stehen eindrucksvolle Statuen, u. a. von Buddha Sakyamuni und von Bodhisattva Guanyin. Verpassen Sie nicht die stillen, ebenfalls nach Prinzipien der Tang-Dynastie mit kunstvoll platzierten Felsen, Bäumen, Brücken und hölzernen Pavillons gestalteten Nan-Lian-Gärten mitten im hektischen Kreisverkehr gegenüber. *Chi Lin Drive, Diamond Hill • Karte F4 • Do–Di 9–16.30 Uhr • frei*

6 Lei Yue Mun

Im einstigen Fischerdorf Lei Yue Mun (»Karpfentor«) gibt es Fisch nur noch in den ausgezeichneten Restaurants am Wasser. Hier ist der Abstand zwischen Hong Kong Island und Kowloon am geringsten. Gleichwohl sollte man hier nicht schwimmen: Das Wasser ist äußerst dreckig und die Strömung stark und tückisch. *Karte F5*

Leben am Rand der Gesellschaft

Über 50 000 arme Menschen lebten einst in der Kowloon Walled City *(siehe S. 95)*, einem Ort ohne Recht und Ordnung, dafür mit vielen Krankheiten und Kriminellen. In den 1950er Jahren tauchten hier die Triaden auf und es floss Blut auf den engen Gassen. Bis 1992 war dies einer der wenigen Orte, wo man alte Opiumsüchtige rauchend auf Bettlagern sehen konnte.

7 Fat Jong Temple

Der Fat Jong Temple ist bei Besuchern relativ unbekannt, obwohl er zu den berühmtesten buddhistischen Orten in Hongkong gehört. Das Gebäude hat ein interessantes Farbschema:

Links **Anlage der Chi Lin Nunnery** Rechts **Fischmarkt von Lei Yue Mun**

Lei Yue Mun Seafood Village Dinner Cruise
www.watertours.com.hk

rote Säulen konstrastierend zu weißen Wänden. Im Inneren sind prachtvolle Dekors und herrliche Buddhas zu sehen. Obwohl viel Betrieb herrscht, strahlt der Tempel wohltuende Ruhe aus. *175 Shatin Pass Rd, Won Tai Sin • Karte E4 • Di–So 10–18.30 Uhr*

8 Lei Cheng Uk Tomb

Das Han-Grabmal, eines der ältesten historischen Monumente Hongkongs (24–220 n. Chr.), ist hinter dem zerkratzten Plexiglas kaum zu sehen. *41 Tonkin St, Sham Shui Po • Karte E4 • Mo–Mi, Fr & Sa 10–18 Uhr, So 13–18 Uhr • frei*

9 Hau Wong Temple

Der winzige, meist sehr ruhige Hau Wong Temple lohnt einen Besuch, wenn man in dieser Gegend ist. Der Tempel wurde im Jahr 1737 als Denkmal für den ins Exil geschickten treuesten Berater des Kindkaisers Ping erbaut. *Junction Rd • Karte E4 • tägl. 8–17 Uhr*

10 Apliu Street

Auf dem riesigen Straßenmarkt werden gefälschte Markenprodukte und Krimskrams verkauft, darunter das vielleicht weltweit größte Angebot an gebrauchten Elektronikartikeln. Besucher tauchen hier in eine völlig andere Welt ein – mehr Hongkong pur gibt es wahrscheinlich nirgendwo sonst. Bisweilen findet man funktionstüchtige alte Plattenspieler oder Radios, meist aber eher Schrott. *Karte E4*

Apliu Street

Eine Nachmittagstour

Mittag

Fahren Sie mit der MTR zum **Wong Tai Sin Temple** und kämpfen Sie sich durch die Massen der Gläubigen. Einige der Wahrsager in den Buden sprechen Englisch; versuchen Sie, den Preis auf ein Drittel herunterzuhandeln. Einige benutzen nummerierte Stäbchen, andere gekrümmte Holzstücke, die als »Buddha-Lippen« bekannt sind. Wenn Sie fit genug sind, können Sie den **Lion Rock** besteigen. Der Weg ist nicht leicht, doch die Aussicht grandios. Der steile Aufstieg ist nur etwas für Personen mit gesundem Herzen. An warmen Tagen muss man viel Wasser mitnehmen. Eine zehnminütige Taxifahrt bringt Sie zum **Kowloon Walled City Park**, Hongkongs hübschestem Park. Die Grünanlage beherbergt acht unterschiedliche Gärten.

Nachmittag

Am späten Nachmittag dürften sie hungrig sein. Fahren Sie mit einem Taxi zu den Fischrestaurants am Wasser in **Lei Yue Mun**. Hier kann man zusehen, wie die untergehende Sonne die Wolkenkratzer in rosa- und orangefarbenes Licht taucht, während man seine Krebse öffnet oder Riesenkrevetten genießt – dazu gibt es Wein oder eisgekühltes Tsing-Tao-Bier. Das Restaurant **Kong Lung Seafood** *(siehe S. 99)* mit den zwei Steinlöwen am Eingang ist kaum zu übersehen. Hier kann man exzellentes Seafood genießen, darunter gebratene Krebse und Garnelen sowie gedünstete Schnecken und Krustentiere.

Mehr Märkte in Hongkong **siehe S. 38f**

Links **Dragon Centre** Mitte **Page One** Rechts **Shopping-Mall Festival Walk**

Top 10 Shopping

1 Golden Shopping Centre
PCs und Zubehör sind preisgünstig. In den umliegenden Läden gibt es viele CDs und DVDs, allerdings handelt es sich oft um qualitativ schlechte Raubkopien. *94A Yen Chow St, Sham Shui Po • Karte E4*

2 Dragon Centre
Die hohe, mit Glas verkleidete Shopping-Mall mitten im verschmutzten Sham Shui Po bietet gute Imbissstände, PC-Läden und eine tolle Achterbahn. *37K Yen Chow St nahe Cheung Sha Wan Rd, Sham Shui Po • Karte E4*

3 Log-On
In diesem Laden verkauft die Supermarktkette City-Super Haushaltswaren. Bei »The Gadget« gibt es reihenweise Designer-Schnickschnack. *Laden UG01, Festival Walk, 80 Tat Chee Ave, Kowloon Tong • Karte E4*

4 Yuet Chung China Works
Dekoratives Geschirr und Besteck kann man mit Monogramm versehen lassen. Dies dauert ca. vier Wochen, doch die Waren werden auch geliefert. *3/F Kowloon Bay Industrial Centre, 15 Wang Hoi Road, Kowloon Bay • Karte F4*

5 Lancome
Zum Angebot gehören eine Hautanalyse, eine 45-minütige-VIP-Beratung oder eine einstündige Gesichtsbehandlung. *G18 Festival Walk, Kowloon Tong • Karte E4 • 2265 8665*

6 Page One
In der riesigen Filiale der fantastischen Buchhandelskette stehen alle Bücher mit dem Cover nach vorn in den Regalen, sodass niemand mehr beim Lesen der Buchrücken den Kopf verdrehen muss. Es gibt auch ein gutes Café. *Laden LG1–30, Festival Walk, Kowloon Tong • Karte E4*

7 Yu Chau Street & Nam Cheong Street
Die zwei kleinen Läden in diesen beiden Straßen verkaufen Spitze, Reißverschlüsse, Bänder und Knöpfe – eine größere Auswahl kann man sich gar nicht vorstellen. *Karte E4*

8 Crabtree & Evelyn
Hier gibt es verführerisch duftende Kleinigkeiten zum Verwöhnen. Im Laden wird man vom Lavendelduft fast betäubt. *Laden UG 17, Festival Walk, Kowloon Tong • Karte E4*

9 Bang & Olufsen
Die weltbekannte Marke steht für Unterhaltungselektronik mit hochwertigem Hi-Fi-Klang und schickem Design. *Laden LG1–10, Festival Walk, Kowloon Tong • Karte E4*

10 Belle
Belle bietet eine große Auswahl an Schuhen. In den Regalen stehen natürlich bevorzugt Modelle der hauseigenen Marke. *112 Level 1, Plaza Hollywood, Diamond Hill Diamond Hill • Karte E4*

Crabtree & Evelyn **www.crabtree-evelyn.com**

Preiskategorien

Preis für ein Drei-Gänge-Menü pro Person mit einer halben Flasche Wein, inkl. Steuern und Service.	$	unter 100 HK$
	$$	100–250 HK$
	$$$	250–450 HK$
	$$$$	450–600 HK$
	$$$$$	über 600 HK$

Amaroni's Little Italy

TOP 10 Restaurants

1 Cambo Thai

Kowloon City ist bekannt für preiswerte Thai-Restaurants mit leckerem Essen. Nach dem scharfen Rindfleischsalat im Cambo Thai sehnt man sich nach dem einen oder anderen Bier. *25 Nga Tsin Long Rd, Kowloon City • Karte E4 • 2716 7318 • $$*

2 Caffè Cova

Wer italienisches Gebäck liebt, kommt am Caffè Cova nicht vorbei. Das erste Geschäft eröffnete 1817 in Mailand – das Panettone-Rezept ist seitdem unverändert. *LG/F 1–11 Festival Walk, Kowloon Tong • Karte E4 • 2265 8688 • $$*

3 Exp

Gesundheitsbewusste werden von den Nudelgerichten mit Zutaten wie Grapefruit begeistert sein. *UG23 Festival Walk, Kowloon Tong • Karte E4 • 2265 8298 • $$*

4 Chong Fat Chiu Chow Restaurant

Wer traditionell zubereitetes Chiu Chow Seafood probieren möchte, macht hier Station. Empfehlenswert sind die Krabben- und Gans-Gerichte. *60–62 South Wall Rd, Kowloon City • Karte E4 • 2383 3114 • $$*

5 Wing Lai Yuen Sichuan Noodles

Die Dan-Dan-Nudelgerichte sind der absolute Höhepunkt der in diesem unaufdringlichen Restaurant angebotenen traditionellen Sichuan-Küche. *1/F Site 8 Whampoa Garden • Karte E4 • 2320 6430 • $$$*

6 Amaroni's Little Italy

Hongkonger lieben die italienische Küche – und dieses Wohlfühlrestaurant ist besonders beliebt. Teilen Sie sich die Platten. *Laden LG1–32, Festival Walk, Kowloon Tong • Karte E4 • 2265 8818 • $$$*

7 Tso Choi

Tso Choi bedeutet wörtlich »raues Essen« – wer hier isst, lernt Hongkong wirklich kennen: sautierte Schweineinnereien und gebratenes Hirn sind nichts für Empfindliche. *17–19A Nga Tsin Wai Rd, Kowloon City • Karte E4 • 2383 7170 • keine Kreditkarten • $$*

8 Festive China

Hier wird weniger gefeiert, als der Name vermuten lässt, doch das Essen ist gut. Es gibt nordchinesische Gerichte in glitzerndem Dekor. *Laden LG-1, Festival Walk, Kowloon Tong • Karte E4 • 2180 8908 • $$$*

9 House of Canton

Das Haus serviert, was die Kanton-Küche zu bieten hat, von Haifischflossen über Seeohren bis hin zu einer immensen Auswahl an Dim Sum. *LG/F 240 Festival Walk, Kowloon Tong • Karte E4 • 2265 7888 • $$$*

10 Kong Lung Seafood

Zwei Steinlöwen bewachen den Eingang des Lokals. Lecker sind gebratene Krebse und gedünstete Seeohren mit Orangenkruste. *62 Hoi Pong Rd West, Lei Yue Mun • Karte F4 • 2775 1552 • $$$*

Falls nicht anders angegeben, akzeptieren alle Restaurants Kreditkarten und bieten auch vegetarische Gerichte an.

Links **Ten Thousand Buddhas Monastery** Mitte **Railway Museum** Rechts **Lek Yuen Bridge**

New Territories

DER NAME NEW TERRITORIES (»Neue Gebiete«) lässt an eine wilde Grenzregion denken. Zu Kolonialzeiten gingen hier Sahibs auf Tigerjagd, spielten Tennis und schrieben ihre Memoiren. Heute wirkt die Gegend eher wie ein Vorort und kaum noch ländlich. Mehr als ein Drittel der Bevölkerung von Hongkong lebt in den Trabantenstädten, die sich in den »NT« (so die Abkürzung der Einheimischen) ausdehnen. Doch im Norden findet man auch Hongkongs größte Areale unberührter Natur, etwa das Marschland von Mai Po. Der Norden der New Territories grenzt auch an das chinesische Festland.

TOP 10 Attraktionen

1. Ten Thousand Buddhas Monastery
2. Sha Tin Racecourse
3. Amah Rock
4. Hong Kong Railway Museum
5. Ching Chung Koon
6. Kadoorie Farm
7. Heritage Museum
8. Yuen Yuen Institute
9. Tin Hau Temple
10. Castle Peak Monastery

Links **Amah Rock** Mitte **Beim Pferderennen** Rechts **Pagode, Ten Thousand Buddhas Monastery**

Sha Tin Racecourse **www.sha-tin.com**

Buddhas, Ten Thousand Buddhas Monastery

1 Ten Thousand Buddhas Monastery

Die Buddhas stehen auf Regalen in der Haupthalle des Heiligtums an einem Berghang in Pai Tau Tsuen in Sha Tin. Heute gibt es hier mehr als 13 000 Bildnisse – man darf den armen Mönch bemitleiden, der sie regelmäßig zählen muss. Das Kloster besteht aus fünf Tempeln, zwei Pavillons und einer eleganten neunstöckigen Pagode. Vor dem Besuch des Klosters sollte man allerdings tief Luft holen: Es gilt 400 Stufen zu erklimmen.

Karte E3 • East Rail Line nach Sha Tin, nördl. Ausgang, dann der Beschilderung folgen • tägl. 9–18 Uhr • frei

2 Sha Tin Racecourse

Hongkongs berühmteste Pferderennbahn liegt im Happy Valley *(siehe S. 12f)* auf Hong Kong Island, doch in Hongkong ist man so vernarrt in Pferde, dass eine zweite Rennbahn in den New Territories gebaut wurde. Mehr als 85 000 Wettfreunde strömen zum Sha Tin Racecourse. Die Pferderennbahn von Weltrang hat 500 Millionen HK$ gekostet. Hier werden an den Samstag- und Sonntagnachmittagen von September bis Juni Rekordsummen gewettet. Für die Olympischen Spiele 2008 wurde die Anlage modernisiert.

Karte F3 • MTR bis Racecourse • Come Horseracing Tour: 2723 1808 oder 2368 7111 • keine Kinder • Eintritt

3 Amah Rock

Der auffällige Felsen am Lion Rock Tunnel wirkt wie eine Frau mit Baby auf dem Rücken: Der Sage nach soll der Ehemann der *amah* auf der Suche nach Arbeit zum Festland gesegelt sein, während sie geduldig auf seine Heimkehr wartete. Als sein Boot im Sturm kenterte, versteinerte sie. Andere meinen, der Felsen wäre ein Phallussymbol. *Karte E4 • East Rail Line nach Tai Wai*

4 Hong Kong Railway Museum

Eisenbahnfans werden das Museum in Tai Po mögen: Hier sind einige alte Waggons auf den Gleisen des früheren Tai-Po-Market-Bahnhofs abgestellt. Im Inneren gibt es eine Ausstellung zur Eisenbahngeschichte. *13 Shung Tak St, Tai Po Market, Tai Po • Karte E2 • East Rail Line bis Tai Po Market, dann der Beschilderung folgen • 2653 3455 • Mi–So 9–17 Uhr • frei*

Links **Pferderennbahn Sha Tin** Rechts **Hong Kong Railway Museum**

Hong Kong Railway Museum im Internet
www.heritagemuseum.gov.hk/eng/museums/railway.aspx

Links **Zeremonie im Yuen Yuen Institute** Rechts **Marschlandschaft von Mai Po**

5 Ching Chung Koon

Der Name des Tempels bedeutet »immergrüne Kiefer«, ein Symbol für langes Leben und Vitalität. Die Koon, eine taoistische Gruppierung, errichteten 1961 den ersten Bau, den »Palace of Pure Brightness«, und bauten seitdem unzählige Pagoden, Pavillons und chinesische Gärten an. Es gibt vegetarisches Essen und eine Bonsai-Sammlung. *Tsing Chung Path, Tuen Mun • Karte C3 • MTR nach Siu Hong, dann Taxi oder LRT 505 • tägl. 7–18 Uhr • frei*

6 Kadoorie Farm

Die von Lord Lawrence und Sir Horace Kadoorie 1951 gegründete Farm sollte 300 000 Flüchtlingen Arbeit geben. Heute ist sie ein Naturschutzzentrum, das die Artenvielfalt in Hongkong fördert. Es gibt einen Botanischen Garten, Rotwild und ein Schmetterlingshaus. *Lam Kam Rd, Tai Po • Karte E2 • East Rail Line bis Tai Po Market, dann Bus 64K • 2483 7200 • Öffnungszeiten tel. erfragen • Eintritt*

Heritage Museum

Schutz für das Schutzgebiet

Das Marschland von Mai Po *(siehe S. 44)* in den New Territories ist ein Naturschutzgebiet (»international bedeutendes Feuchtgebiet«), in dem im Winter über 50 000 Zugvögel haltmachen, vor allem Eisvögel, Reiher und Kormorane. Die Marschlandschaft ist eines der letzten Refugien für den fast ausgestorbenen Schwarzstirnlöffler und für Saundersmöwen. Hongkongs bestes Vogelbeobachtungsgebiet war lange Zeit Streitobjekt zwischen Umweltschützern und Baugesellschaften, die händeringend neues Land suchten – glücklicherweise siegte der Naturschutz. Die größte Gefahr sind heute Verschmutzung und Industrieabfälle, die von den Fabriken an der nahen Deep Water Bay in die Marschen fließen.

7 Heritage Museum

Das Museum in Sha Tin wetteifert mit dem neu gestalteten Museum of History in Kowloon *(siehe S. 81)* um den Rang des besten Museums in Hongkong *(siehe S. 20f)*.

8 Yuen Yuen Institute

Der Tempelkomplex ist bei Buddhisten, Konfuzianisten und Taoisten beliebt. Für gewöhnlich trifft man hier auf sehr viele betende Gläubige. Bitte verhalten Sie sich respektvoll. Das Hauptgebäude ist ein Nachbau des Himmelstempels in Beijing. Auf

Infos zum Mai-Po-Marschland **www.wwf.org.hk/eng/maipo**

Yuen Yuen Institute

den Zetteln draußen stehen die neuesten Erkenntnisse der Wahrsager zu den chinesischen Tierkreiszeichen. Das Restaurant serviert preiswerte vegetarische Gerichte. *Karte E3 • MTR nach Tsuen Wan, dann Minibus 81 • tägl. 8.30–17 Uhr • frei*

9 Tin Hau Temple

Versteckt am anderen Ende der Clearwater Bay liegt der älteste der Hongkonger Tempel, die der Meeresgöttin Tin Hau geweiht sind. Wenn man die Stufen hinuntergeht, kommt man durch dichten, merkwürdig stillen Wald. Im Tempel hängen riesige Weihrauchspiralen über Modellen von Fischerbooten. *Karte G3 • Bus 91 von Diamond Hill, dann Minibus 18 • frei*

10 Castle Peak Monastery

Der 1,5 Kilometer lange Weg vom Bahnhof hierher ist etwas mühsam, bietet aber Abwechslung von der Großstadt. Genießen Sie die frische Meeresbrise und die Gesänge der Mönche. *Karte B3 • tägl. 9–17 Uhr • frei*

Ein Tag in den NT

Vormittag

Mit der MTR geht es nach Kowloon Tong, dann mit der East Rail Line bis Tai Po Market und schließlich mit dem Bus 64K oder per Taxi nach Lam Tsuen. Dort stehen Wunschbäume, an deren Zweige sich Glück verheißende rote Bänder befinden. Kaufen Sie an einem der Stände einen roten Paperstreifen, notieren Sie darauf einen Wunsch und befestigen Sie ihn an der Tafel nebenan. Fahren Sie zum Bahnhof zurück und weiter bis **Fanling** *(siehe S. 104)*. Von dort fährt der Bus 54K nach Lung Yeuk Tau. Der Lung Yeuk Tau Heritage Trail führt durch fünf berühmte ummauerte Dörfer in den NT. Diese wurden einst von den ansässigen Clans zum Schutz vor Räubern erbaut. Für den Weg benötigt man ein paar Stunden. Er entführt Sie in die Geschichte der Region.

Nachmittag

Fahren Sie mit Bus oder Taxi zurück zum Bahnhof der East Rail Line und weiter zur MTR-Station **Sha Tin** *(siehe S. 104)*. Eine kurze Taxifahrt entfernt steht das **Lung Wah Hotel** *(siehe S. 109)*, das heute nur noch ein Restaurant ist: Seit über 50 Jahren erfreut es sich zu Recht großer Beliebtheit. Wenn Sie zwischen September und Juni am Wochenende in Sha Tin sind, sollten Sie nachmittags den Pferderennen auf dem **Sha Tin Racecourse** beiwohnen. An den Wochentagen und außerhalb der Pferderennsaison können Sie einen Einkaufsbummel durch die ausgezeichneten Läden der New Town Plaza *(siehe S. 106)* machen.

Links **Tsang Tai Uk** Mitte **Fischrestaurant in Sai Kung** Rechts **Ruine am Fanling Heritage Trail**

TOP 10 Historische Dörfer & neue Städte

1 Tsang Tai Uk

Die Festung der Tsang-Sippe entstand 1848 im typischen Hakka-Stil mit dicken Mauern und einem Verteidigungsturm in jeder Ecke. Bis heute leben hier viele Familien. *Karte L3*

2 Tsuen Wan

In der jungen, überbevölkerten Stadt, der Endstation der MTR, sieht man den rauen Alltag in Hongkong. *Karte D3*

Kriegerbildnis in Fanling

3 Sha Tin

Die weniger raue Version von Tsuen Wan bietet ein riesiges Shopping-Center und die zweite Rennbahn Hongkongs. *Karte E3*

4 Fanling

Die Tang-Chung-Ling-Ahnenhalle in Fanling gehört der wichtigsten Sippe in den NT. Der Lung Yeuk Tau Heritage Trail beginnt in der Nähe. *Karte E2*

5 Sheung Shui

Sheung Shui ist die Heimat der Liu-Sippe. Von hier führt eine kurze Taxifahrt nach Lok Ma Chau, einem Grenzübergang nach China, wo man Shenzhens hässliche Skyline im Dunst sieht. In Lok Ma Chau gibt es eine weitere Ahnenhalle. *Karte E1*

Fluss Kam Tin

6 Sai Kung

In diesem ruhigen Fischerdorf leben viele Briten, demnach gibt es auch Pubs mit Namen wie »Duke of York« oder »Steamers« *(siehe S. 107)*. In winzigen Cafés kann man alte Chinesen Mahjong spielen sehen. *Karte G3*

7 Kam Tin

Der Name bedeutet »Brokatfeld«, obwohl auf den Äckern heute eher verrostete Autos zu finden sind. Ummauerte Dörfer sind Kat Hing Wai und Shui Tau. *Karte C3*

8 Ping Kong

Dieses ummauerte Dorf abseits der Touristenpfade ist weit weniger überlaufen als andere Dörfer. *Karte E1*

9 Tap Mun Chau

Die malerische kleine Insel mit idyllischen, ruhigen Dörfern kann man beinahe noch zu den Geheimtipps der New Territories zählen. *Karte H2*
• Fähre: 8.30–18.30 Uhr

10 Tai Po

Urlauber sollten vor dem Aufbruch zur malerischen Plover Cove *(siehe S. 105)* Tai Pos Markt und dem Railway Museum *(siehe S. 101)* einen Besuch abstatten. *Karte E2*

Historische Ereignisse **siehe S. 30f**

Links **Plover Cove** Rechts **Schwimmendes Dorf San Mun Tsai**

TOP 10 Idyllische Natur

1 Plover Cove

Die Plover Cove ist keine echte Bucht, sondern ein Stausee, der durch den Dammbau an der einstigen Buchtmündung entstanden ist. Meerwasser wurde heraus-, Süßwasser aus China hineingepumpt. Landkarten für die Wander- und Radwege gibt es beim HKTB. ✎ *Karte F1*

2 Bride's Pool

Für den Besuch der atemberaubenden Wasserfälle in üppiger Vegetation sollten Sie rutschfeste Schuhe anziehen und die Kamera nicht vergessen. ✎ *Karte F2*

3 Tai Po Kau

Das Waldschutzgebiet nahe der Chinese University ist bei Vogelbeobachtern beliebt. ✎ *Karte F2*

4 San Mun Tsai

Das reizvolle Dorf liegt zwischen grünen Hügeln und einer Bucht. Vergessen Sie nicht, sich die schwimmenden Häuser der Fischer anzusehen. ✎ *Karte F2*

5 Tai Mo Shan

Der »Große Berg im Nebel« ist Hongkongs höchster Gipfel. Der Aufstieg bis in 957 Meter Höhe wird mit einer hervorragenden Sicht belohnt. ✎ *Karte D3*

6 Mai Po Marsh

Die Marschen am Westrand der New Territories sind ein Vogelschutzgebiet *(siehe S. 44)*. ✎ *Karte D2*

7 Clearwater Bay

Rund um die Bucht gibt es Wanderwege und Strände: Von Tai Au Mun kann man zum Clearwater Bay Beach One und Beach Two oder zur Lung Ha Wan (Hummerbucht) wandern. Jeden Sommer versetzen Sichtungen von Haien die Einheimischen in Angst. In der Vergangenheit wurden einige Fischernetze sogar von Haien beschädigt. ✎ *Karte G5*

8 Long Ke Wan

Der wundervolle Strand ist relativ schwer zu erreichen. Beim Abstieg in die Bucht auf Ziegenpfaden sollte man sich trotz der schönen Aussicht auf seine Schritte konzentrieren. ✎ *Karte H3*

9 Tai Long Wan

Hongkongs bester Strand ist auf der schönen Halbinsel Sai Kung zu finden. Nehmen Sie eine detaillierte Landkarte und reichlich Trinkwasser mit *(siehe S. 22f)*. ✎ *Karte H3*

10 Ma On Shan

Der Berg erhielt wegen seiner Form den Namen »Sattel« *(siehe S. 45)*. ✎ *Karte F3*

Tai Long Wan

Sehenswerte Natur **siehe S. 44f**

Links **Bossini** Rechts **Universal Models**

TOP 10 Shopping

1 IKEA
Auch wenn Sie kein IKEA-Fan sind – die in China hergestellten Produkte sind durchaus interessant. ✎ *L3 & L5 Grand Central Plaza, 138 Sha Tin Rural Commitee Rd, Sha Tin • Karte F3*

2 My Jewellery
Fantasiereiche Designs gibt es zu Preisen, die keinen in den Ruin treiben. Sehr hübsch sind die Diamanthalsbänder. ✎ *Laden 15, Citylink Plaza, Sha Tin • Karte E3*

3 Universal Models
Hier werden Modellliebhaber garantiert fündig, ob man nun detailreiche Militärfiguren oder das neueste Mobile Suit Gundam erwerben will. Es gibt auch nachgemachte Schrotflinten. ✎ *Wah Wai Industrial Centre, Sha Tin • Karte E3*

4 Tai Pos Obst- & Gemüsemärkte
Tai Po ist voller stimmungsvoller Märkte. Die besten sind in der Fu Shin Street vor dem Man-Mo-Tempel. ✎ *East Rail Line bis Tai Po Market Station, dann der Beschilderung folgen • Karte E2*

5 Overjoy Porcelain Factory
Das Angebot umfasst Hunderte von Designs – deshalb ist dieser Laden der ideale Ort, um ein Tafelservice zu kaufen. ✎ *1/F Block B, Kwai Hing Industrial Building, Kwai Chung • Karte E3 • 2487 0615*

6 Suzuya
Krasse Japan-Mode für Girlies macht Suzuya zur richtigen Adresse, wenn man wie Sailormoon oder Hello Kitty aussehen will. ✎ *Laden 462, 4/F New Town Plaza, Sha Tin • Karte E3*

7 Bossini
Die große Filiale der preiswerten Kette verkauft bequeme Baumwoll-T-Shirts, Socken und Khakihosen. ✎ *Laden 307, 3/F New Town Plaza, Sha Tin • Karte E3*

8 Marks & Spencer
Eine der größten Filialen in Hongkong bietet gute Schuhe, bequeme Unterwäsche und englische Lebensmittel für heimwehkranke Briten. ✎ *Laden 329–339, 3/F New Town Plaza, Sha Tin • Karte E3*

9 Hang Heung Bakery
Dies ist Hongkong beliebteste Bäckerei von »Frauenkuchen«, einem Blätterteiggebäck mit roter Bohnenpaste. Die traditionelle Leckerei darf bei keiner chinesischen Hochzeit fehlen. ✎ *64–66 Castle Peak Rd • Karte C2*

Kinder warten vor Bossini

10 Wing Wah Bakery
Hier gibt es Hongkongs besten Moon Cake *(siehe S. 50)*. Das Gebäck wird zum Mondfest im Herbst gegessen. Eingebackene Eidotter symbolisieren den Vollmond. Moon Cake gibt es auch mit Früchten. ✎ *86 Castle Peak Rd • Karte C2*

Shopping-Tipps **siehe S. 144**

Links **In der New Town Plaza, Sha Tin** Mitte **Hebe One O One** Rechts **Regal Riverside Hotel**

Top 10 Kneipen & Bars

1 Steamers
In Sai Kungs schickstem Pub feiert man besser als im engen, fensterlosen Vorläufer Newcastle Pub. Dies ist ein idealer Ort, um Leute zu beobachten. *66 Yi Chun St, Sai Kung • Karte G3*

2 Beach Pub
Das Pub mit Blick auf die Bucht ist nur zehn Minuten von der Hafenpromenade von Sai Kung entfernt. Am Wochenende treten Bands vor einheimischen Chinesen und Briten auf. *Beach Resort Hotel, 1780 Tai Mong Tsai Rd, Sai Kung • Karte G3*

3 Railway Tavern
Die einladende kleine Kneipe beim Eisenbahnmuseum in Tai Po ist nach einem Wandertag auf dem Land genau richtig. *Chik Luk Lane, Tai Po • Karte E2*

4 Poets
Man sollte sich vom Namen nicht täuschen lassen – hier wird eher lautstark über das Fußballspiel vom Vorabend diskutiert, als dass erhebende Lesungen in Jamben und Reimen stattfinden. *G/F 55 Yi Chun St, Sai Kung • Karte G3*

5 The Boozer
Viele der in Sai Kung ansässigen Ausländer amüsieren sich hier mit der Video-Jukebox, verfolgen Sportberichte auf Flachbildfernsehern und verspeisen Mitgebrachtes aus den umliegenden Restaurants. *57 Yi Chun St, Sai Kung • Karte G3*

6 Bacco
Wer es etwas gediegener mag, geht ins Bacco. Die guten Weine kann man flaschen- und glasweise bestellen. Im Obergeschoss betreibt dasselbe Management das indische Restaurant JoJo. *21 Man Nin St, Sai Kung • Karte G3*

7 Regal Riverside Hotel
Zwei Bars stehen zur Auswahl: In der einen hängen Sportfans lautstark ab, die andere setzt auf Ruhe und gute Cocktails. In beiden kann man sich von einem Einkaufstag in der New Town Plaza erholen. *34–36 Tai Chung Kiu Rd, Sha Tin • Karte E3*

8 Corner Café
Der ideale Ausgangs- oder Endpunkt für Wanderungen im Umland von Sai Kung serviert guten Kaffee und leckere Desserts. *120 Man Nin St, Sai Kung • Karte G3*

9 Enigma
So etwas wie das Enigma – mit Live-Musik, topmoderner Einrichtung und Tischen im Freien – findet man in Sai Kung selten. *72 Po Tung Rd, Sai Kung • Karte G3*

10 Hebe One O One
Das zweistöckige, im Farbton Lavendel gestrichene Gebäude mit Balkonen verströmt ein wenig koloniales Flair. In der oberen Etage kann man mit Blick aufs Meer etwas trinken. *112 Pak Sha Wan, Sai Kung • Karte G3*

Bars & Clubs in Hongkong **siehe S. 52f**

Links **Dim Sum bei Sun Ming Yuen Seafood** Mitte & rechts **Balcony**

TOP 10 Preiswert essen

1 Pepperoni's

Eines der ersten guten Restaurants im westlichen Stil in Sai Kung serviert noch immer erfolgreich gewaltige Portionen in angenehmem Ambiente. Pizza, Pasta, Nachos und Calamari sind ausgezeichnet. Es gibt auch eine gute Weinauswahl. *1592 Po Tung St, Sai Kung • Karte G3 • 2791 1738 • $$$*

2 New Tak Kee Seafood Restaurant

Kaufen Sie Seafood im Hafen oder auf dem Markt gegenüber und lassen Sie sich hier die Köstlichkeiten nach Kanton-Art zubereiten. *55 See Cheung St, Sai Kung • Karte G3 • 2792 0006 • $$*

3 Lardos Steak House

Die Steaks werden perfekt zubereitet. Der Besitzer beliefert die besten Hongkonger Hotels mit Fleisch. *G/F 4 B Hang Hau Village Tseung Kwan O, Sai Kung • Karte G3 • 2719 8168 • $$$*

4 IKEA Restaurant

Auf der Speisekarte stehen u. a. die bekannten schwedischen Fleischbällchen, geräucherter Lachs und Käsekuchen. *L5 Grand Central Plaza, 138 Sha Tin Rural Commitee Rd • Karte F3 • 2634 3951 • $$*

5 Sun Ming Yuen Seafood

Ausgezeichnete, preiswerte Dim Sum und einfache chinesische Speisen werden in historisch-rustikalem Dekor serviert. *Laden 208, I/F Fanling Centre, 33 San Wan Rd • Karte D2 • 2676 1368 • $$*

6 Yau Ley

Das kleine Lokal im Dorf Sha Kiu bereitet fantastische Menüs mit Seafood zu. Yau Ley Man erreicht man zu Fuß, mit dem Auto, per Fähre oder per Boot (kleiner privater Pier). *Millionaire's Beach, Sha Kiu Village, Sai Kung • Karte G3 • keine Kreditkarten • 2791 1822 • www.yauleyseafood.com.hk • $$ (nur Menü)*

7 Balcony

Hier gibt es sehr preiswerte Pasta vom Büfett. *3/F Kowloon Panda Hotel, 3 Tsuen Wah St, Tsuen Wan • Karte D3 • 2409 3226 • $$$*

8 Shalimar

Außerhalb der Chungking Mansions *(siehe S. 82)* findet man keine günstigeren Currys. *127 Kwong Fuk Rd, Tai Po • Karte E2 • keine Kreditkarten • 2653 7790 • $$*

9 Honeymoon Dessert (Moon Key)

Die traditionellen Desserts gibt es in großen Portionen. Durian-Esser sitzen separat, um andere nicht mit dem Gestank der Frucht zu belästigen. Das Lokal ist bis zwei Uhr nachts geöffnet. *10A–C Po Tung Rd, Sai Kung • Karte G3 • keine Kreditkarten • 2792 4991 • $*

10 Shaffi's Indian

Der Besitzer kochte seine hervorragenden Currys einst für britische Armeeangehörige und Gurkha-Soldaten. Heute bewirtet er eine Schar von Stammgästen. *14 Fau Tsoi St, Yuen Long • Karte C2 • 2476 7885 • $$*

Falls nicht anders angegeben, akzeptieren alle Restaurants Kreditkarten und bieten auch vegetarische Gerichte an.

Royal Park Chinese

Preiskategorien

Preis für ein Drei-Gänge-Menü pro Person mit einer halben Flasche Wein, inkl. Steuern und Service.

$	unter 100 HK$
$$	100–250 HK$
$$$	250–450 HK$
$$$$	450–600 HK$
$$$$$	über 600 HK$

TOP 10 Restaurants

1 Jaspa's

Jaspa's bietet gute Fusionsküche, freundlichen Service und große Weinauswahl zu akzeptablen Preisen. *13 Sha Tsui Path, Sai Kung • Karte G3 • 2792 6388 • $$$*

2 Tung Kee Seafood Restaurant

Wählen Sie Ihren Fisch (oder ein Krustentier) im Wasserbecken aus – und handeln Sie den Preis etwas herunter. Der Fisch wird eingepackt, man trägt ihn dann selbst zur Küche. Genießen Sie etwas später eines der besten Fischgerichte Hongkongs. *9/F 96–102 Man Nin St, Sai Kung • Karte G3 • 2792 7453 • $$$*

3 Lung Wah Hotel

Das Hotel gibt es schon lange nicht mehr, doch das Taubenrestaurant ist seit 50 Jahren beliebt. Das Fleisch der Tiere ist zart und lecker. *22 Ha Wo Che St, Sha Tin • Karte E3 • 2691 1594 • $$*

4 Royal Park Chinese

Eine derart gute kantonesische Küche findet man in Sha Tin nur schwer. Spezialitäten sind Haifischflossensuppe und knuspriges Hähnchen. *2/F Royal Park Hotel, 8 Pak Hok Ting St, Sha Tin • Karte E3 • 2694 3968 • $$$*

5 Ristorante Firenze

Das Lokal ist fast immer voll. Wer Pasta, Pizza und den preiswerten Rotwein genossen hat, weiß weshalb. *60 Po Tung Rd, Sai Kung • Karte G3 • 2792 0898 • $$$*

6 Sham Tseng Yue Kee Roast Goose Restaurant

Einheimische können vom Eintopf aus Gänseinnereien nicht genug bekommen, ausländische Besucher sollten sich besser an die gebratenen Vögel halten. *9 Sham Tseng San Tsuen, Sham Tseng • Karte D3 • 2491 0105 • $$*

7 Anthony's Catch

Eines der beliebtesten Lokale der Gegend bereitet importierte Meeresfrüchte auf italienische Art zu und serviert sie mit hausgemachter Pasta und Wein. *1826B Po Tung Rd, Sai Kung • Karte G3 • 2792 8474 • $$$*

8 One Thirty-One

Man kommt auch per Boot zu diesem Lokal, das Bio-Gerichte mit Zutaten aus eigener Herstellung serviert. Reservieren Sie, es gibt nur 20 Plätze. *131 Tseng Tsau Village, Shap Sze Heung, Sai Kung • Karte G3 • 2791 26848 • $$$$$*

9 Tai Wing Wah

Spezialitäten des Hauses sind Dim Sum und Poon Choi, ein für die New Territories typisches Schmorgericht. *2–6 On Ning Rd, Yuen Long • Karte C2 • 2476 9888 • $$*

10 Baanthai

Wer müde ist vom Einkaufsbummel, kommt mit den scharfen Thai-Spezialitäten dieses Restaurants in Sha Tin wieder auf die Beine. *Laden 112–113, 1/F New Town Plaza, Sha Tin • Karte E3 • 2693 3128 • $$*

Folgende Doppelseite **Räucherspiralen**

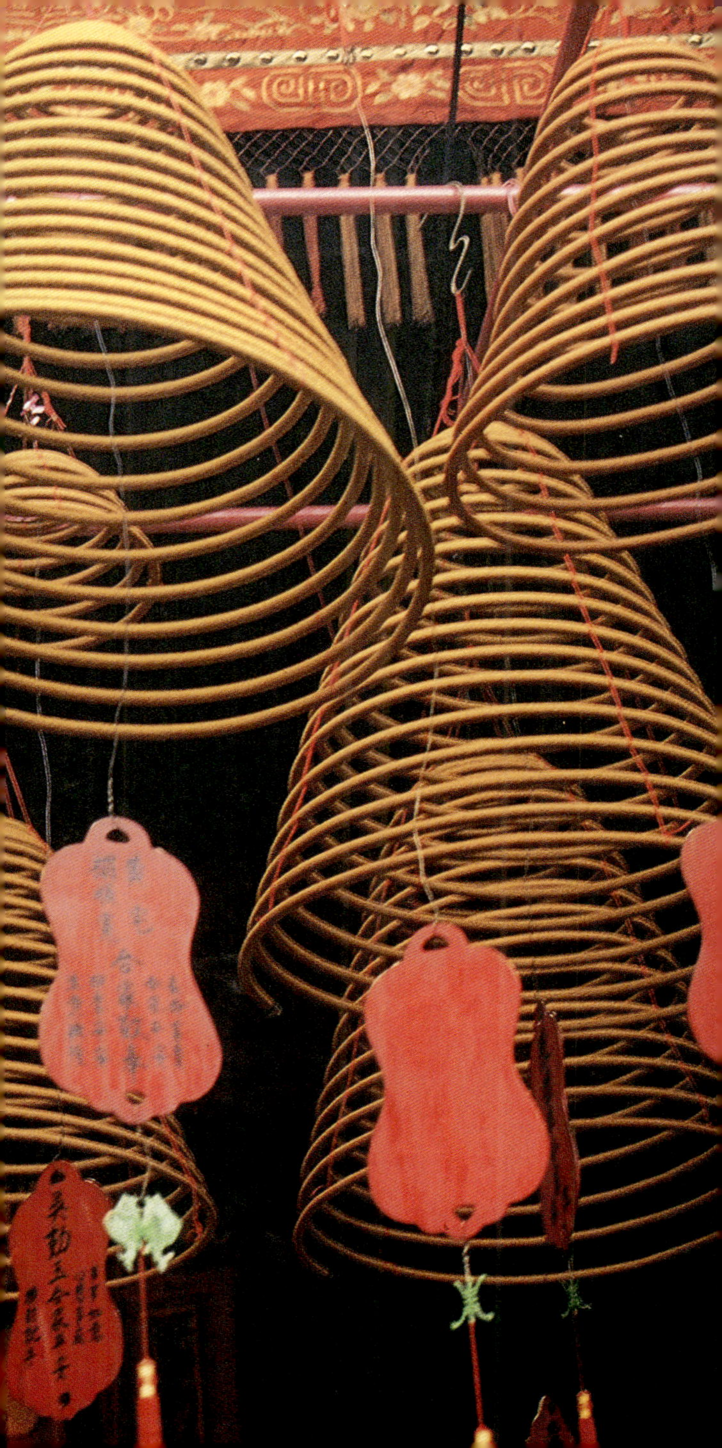

Links **Tai O** Mitte **Lamma Island** Rechts **Hummer**

Abstecher zu den Inseln

HONGKONG IST FÜR VIELE NUR *eine Stadt – doch Hongkong ist auch ein Inselparadies. Rund 260, mitunter wunderschöne Inseln stehen zur Auswahl, sofern man sich von den Bars und Läden in der Stadt trennen kann. Die größte der Inseln, Lantau, ist heute durch eine Brücke mit Hongkong verbunden und hat viel von ihrer Stille und Ursprünglichkeit verloren. Die kleineren Inseln entschädigen dafür – von den gewundenen Routen auf Cheung Chau bis zu den Naturschönheiten des Power Station Beach auf Lamma. Die Eilande bieten unzählige Möglichkeiten zur Entspannung.*

TOP 10 Attraktionen

1. Lantau: Mui Wo
2. Lantau: Tai O
3. Lantau: Sunset Peak
4. Lantau: Trappist Monastery
5. Lamma: Sok Kwu Wan
6. Lamma: Yung Shue Wan
7. Po Toi
8. Tap Mun
9. Peng Chau
10. Cheung Chau

Links **China Bear Pub, Lantau** Rechts **Sunset Peak, Lantau**

Stelzenhäuser in Tai O

Infos zu Hongkongs Inseln finden Sie unter **www.islandsdc.gov.hk**

Strand von Mui Wo auf Lantau Island

1 Lantau: Mui Wo

Die Hauptfähre von Hong Kong Island nach Lantau legt auch in Mui Wo an, das von den Briten »Silvermine Bay« genannt wird. Von hier aus kann man die Insel gut erkunden, obwohl Lantau an anderen Stellen schöner ist. Die meisten Restaurants, Bars und ein Supermarkt liegen dicht am Pier. Man kann ein Bier trinken und Billard spielen oder Essen für ein Picknick einkaufen. In fünf Minuten erreicht man zu Fuß einen Strand im Nordosten. *Karte C5*

2 Lantau: Tai O

Das hübsche Dorf Tai O liegt weit vom Zentrum Hongkongs entfernt in einer Meeresbucht an der Westküste von Lantau. Ein Besuch lohnt sich jedoch: Tai O ist eines der letzten Dörfer mit alten Stelzenhäusern, wie sie einst für die Fischerdörfer Südchinas typisch waren. Wer etwas wirklich Authentisches aus Hongkong mit nach Hause nehmen möchte, sollte hier ein Glas Krabbenpaste kaufen – für diese Art würziger Fischsauce gären Krabben und Gewürze in einem Fass in der Sonne. *Karte A5*

3 Lantau: Sunset Peak

Wer einigermaßen fit ist, kann den Sunset Peak besteigen. Von seinem 869 Meter hohen Gipfel, dem dritthöchsten in Hongkong, hat man die beste Aussicht auf Lantau und Hongkong bis hinunter zum alten Flughafen, zum Po Lin Monastery und zu den schönen bewaldeten Tälern der dünn besiedelten Landschaft. Wer es einfach mag, übernachtet in der nahen Jugendherberge und erstürmt den Gipfel am Morgen, um den schönsten Sonnenaufgang Hongkongs zu erleben. *Karte B5*

4 Lantau: Trappist Monastery

Die Kapelle liegt neben einer verfallenen alten Milchfarm und ist für Besucher zugänglich, sofern man die Ruhe im Kloster nicht stört. Im Kloster selbst gibt es wenig zu sehen, allerdings bietet es sich als schönes Ziel bei einer Wanderung durch die Waldgebiete von oder zur Discovery Bay an. Beim Kloster befindet sich auch eine Fähranlegestelle mit unregelmäßigem Kaido-Betrieb zur Discovery Bay und zur Insel Peng Chau *(siehe S. 115)*, wo es viele gute Seafood-Restaurants gibt. *Karte C5* • *frei*

Fischerdorf Tai O

Lantaus Big Buddha & Po Lin Monastery **siehe S. 28f**

Hafen von Peng Chau

5 Lamma: Sok Kwu Wan

Im Zentrum von Lamma an der Ostküste gibt es nicht viel zu bestaunen. Sok Kwu Wan ist vor allem wegen des Steinbruchs und der dicht gedrängten Fischrestaurants am Hafen bekannt. Die Wassertanks der Lokale sind jedoch sehenswert. In ihnen schwimmen riesige Fische und Krustentiere. Die Restaurants unterscheiden sich kaum und sie sind alle recht gut. Am Ende der Hauptstraße sollte man den hübschen Tin Hau Temple besichtigen. Der reizvolle, fünf Kilometer lange Rundweg führt zum verschlafenen Dorf Yung Shue Ha (mit Strand). *Karte E6 • regelmäßiger Fährbetrieb ab Hong Kong Island*

6 Lamma: Yung Shue Wan

Auch an der Westküste von Lamma gibt es einen Hafen mit vielen Bars und Restaurants an der auf seltsam anziehende Weise heruntergekommenen Hauptstraße des Dorfs. Hier kann man die Dorfbewohner, hier lebende Briten und Urlauber beobachten, ehe man sich zum gepflegten Strand in Hung Shing Ye (20 Minuten zu Fuß nach Südwesten) aufmacht. *Karte D5 • regelmäßiger Fährbetrieb ab Hong Kong Island*

Weiße Delfine von Lantau

Die vom Aussterben bedrohten meist rosafarbenen Weißen Delfine des Pearl-River-Deltas tummeln sich noch vor der Küste von Lantau. Mindestens viermal wöchentlich gibt es geführte Bootsausflüge. Dabei lernt man einiges über das Leben der Delfine und ihre Bedrohung: Wasserverschmutzung, Überfischung, tödliche Schiffsschrauben und Tragflügelboote *(siehe S. 54 & S. 145).*

7 Po Toi

Zu dem zerklüfteten Felsbrocken südlich von Hong Kong Island gelangt man dienstags, donnerstags und an Wochenenden per Fähre ab Stanley und Aberdeen. Hier kann man wandern, die Aussicht auf das Südchinesische Meer genießen und im Restaurant Ming Kee *(siehe S. 117)*, dem einzigen der Insel, speisen. *Karte F6 • Di, Do, Sa & So Fähren ab Stanley & Aberdeen*

Links **Fische werden getrocknet** Rechts **Strand in Hung Shing Ye, Lamma**

Hong Kong Islands Piers für Inselfähren **siehe Karte L4**

Fischer

8 Tap Mun

Nördlich der Halbinsel Sai Kung liegt das winzige, auch als »Grasinsel« bekannte Tap Mun, eine einsame Insel mit nur wenigen Fährverbindungen zum Festland pro Tag. Auf dem Eiland wird man mit atemberaubenden Felsformationen, tosender Meeresbrandung, einer Viehherde und etwas Abgeschiedenheit belohnt. Der Tin Hau Temple ist überraschend groß und schön. Man sollte eventuell Essen für ein Picknick einpacken, da es hier nur wenige Restaurants und keinerlei Unterkünfte gibt. Achtung: Verpassen Sie nicht die letzte Fähre.

Karte H2 • Fähren ab Wong Shek & Ma Liu Shui

9 Peng Chau

Die winzige Insel vor der Küste Lantaus gegenüber der Discovery Bay hat das Flair eines ursprünglichen Küstenorts: Man kann die engen Gassen, winzigen Läden und Tempel erkunden. Im Hintergrund hört man die leisen Geräusche der Mahjongspieler oder die Melodien von Kanton-Opern aus einem alten Radio. Es gibt keinen Strand und nur wenige, dafür aber preisgünstige Fischrestaurants. *Karte C5 • Fähren ab Hong Kong Island & Discovery Bay auf Lantau*

10 Cheung Chau

Das ehemalige Piratennest hat sich viel von seinem Charme bewahrt – von der kleinen Werft bis zu den alten Tempeln. Viele Bewohner sind Fischer, sodass man hier preiswert essen kann. Zudem gibt es ausgezeichnete Strände *(siehe S. 24f)*.

Ein Tag auf Lantau

Vormittag

Beginnen Sie den Ausflug zu den äußeren Inseln relativ früh am Fährterminal auf Hong Kong Island. Verlassen Sie die Fähre auf **Mui Wo** und nehmen Sie dann den Bus 1 (direkt vor der Fähranlegestelle) bis zur Endhaltestelle, dem alten Fischerdorf **Tai O** an der äußersten nordwestlichen Küste. Genießen Sie die Eindrücke und Gerüche der alten Siedlung, bevor Sie mit dem Bus 21 nach Ngong Ping zum **Big Buddha** und zum **Po Lin Monastery** *(siehe S. 28f)* zurückkehren. Im Kloster können Sie vegetarisch essen oder auch ein Picknick machen. Die Gegend rund um Ngong Ping eignet sich sehr gut für ausgedehnte Spaziergänge mit schönen Panoramen, der **Sunset Peak** befriedigt auch anspruchsvolle Bergsteiger.

Nachmittag

Wenn Sie genügend Zeit haben, sollten Sie den Bus zurück nach Mui Wo nehmen, jedoch schon am fantastischen, sauberen und meist einsamen Strand von Cheung Sha aussteigen. (Bitten Sie den Fahrer, Ihnen Bescheid zu geben.) Hier kann man einen Nachmittag mit Schwimmen und Sonnenbaden verbringen. Den nachmittäglichen Durst und Hunger kann man bei **Stoep** *(siehe S. 117)* mit mediterraner und südafrikanischer Küche stillen. Von hier dauert die Fahrt nach Mui Wo nicht lang. Bevor Sie wieder die Fähre besteigen, genießen Sie noch rasch einen Cocktail im Hippo oder im **China Bear** *(siehe S. 117)*, zwei Bars, die sich gleich an der Fähranlegestelle befinden.

Links **Big Buddha** Mitte **Boote vor Lantau** Rechts **Hakka-Frau**

Top 10 Schöne Fotomotive

1 Big Buddha auf Lantau
Die Szenerie selbst ist ein Foto wert – und natürlich der massive Buddha *(siehe S. 28f)*.

2 Fähren am Abend
Die beeindruckenden Silhouetten der Inseln und der Wolkenkratzer kann man abends von einer der Star Ferries aus gut bewundern *(siehe S. 14f)*.

3 Hakka-Frauen mit Hüten
Die großen gewebten Hüte, die mit schwarzen Baumwollfransen geschmückt sind, stammen vom Volk der Hakka, einer eigenständigen ethnischen Gruppe in der Region. Viele Frauen in Hongkong tragen diese Hüte.

4 Cheung Chau Harbour
Der Hafen bietet Fischerboote mit hohem Bug, viele Hausboote und quirliges Treiben auf den Trockendocks *(siehe S. 24f)*.

5 Tai O, Lantau
Das alte Fischerdorf an der Nordwestküste ist die letzte Siedlung in Hongkong mit vielen Stelzenhäusern *(siehe S. 113)*.

6 Feuerwehr & Ambulanz auf Cheung Chau
Gehen Sie zum nördlichen Ende der Praya auf Cheung Chau Island *(siehe S. 47)* und schauen Sie dort ins Fahrzeuglager, in dem die Ambulanz- und Feuerwehrwagen der Insel stehen. Die winzigen Fahrzeuge wurden für die engen Inselstraßen gebaut.

7 Wassertanks der Restaurants auf Lamma
Die (lebenden) Zutaten für die Seafood-Gerichte werden draußen vor den Lokalen in riesigen Wasserbassins gehalten: Hier sieht man essbare Riesenfische, große Barsche, prachtvolle Hummer, unzählige zappelnde Krustentiere und anderes hin- und herflitzendes Meeresgetier.

8 Blick auf den Flughafen vom Lantau Peak
An klaren Tagen kann man mit einem starken Objektiv auf dem Lantau Peak gute Fotos vom Flughafen machen. Der Gipfel bietet auch sehr gute Sicht auf das Kloster und die umliegende Landschaft. *Karte B5*

9 Aussichtshügel am Hongkonger Flughafen
Es gibt am Flughafen kein offizielles Beobachtungsdeck, man kann jedoch zu Fuß (oder per Taxi) den kleinen Hügel gegenüber in Tung Chung aufsuchen: Ein Fußweg führt zum Gipfel und zu einer Pagode. *Karte B5*

10 Aussichtspunkt Tsing Ma Bridge
Wer sich für große Baustellen interessiert, sollte das (kostenlose) Airport Core Programme Exhibition Centre in Ting Kau besuchen. Die Aussichtsplattform auf dem Dach ist ideal für ein Fotoshooting der eleganten Brücken Tsing Ma und Ting Kau geeignet. *Karte D3*

Infos zu den Hakkas **www.hakkayouthproject.org** *oder* **www.asiawind.com/hakka**

China Bear

Preiskategorien

Preis für ein Drei-Gänge-Menü pro Person mit einer halben Flasche Wein, inkl. Steuern und Service.	$	unter 100 HK$
	$$	100–250 HK$
	$$$	250–450 HK$
	$$$$	450–600 HK$
	$$$$$	über 600 HK$

TOP 10 Restaurants

1 China Bear, Lantau

Fähre verpasst? Macht nichts! Gleich um die Ecke gibt es bei China Bear günstiges Mittagessen und 30 Biersorten. *G/F Mui Wo Centre • Karte C5 • 2984 7360 • keine Kreditkarten • $$*

2 Stoep, Lantau

An einem der schönsten Strände auf Lantau gibt es gute mediterrane und südafrikanische Gerichte. Die Tapas und das kalte Fischcurry sind empfehlenswert. *32 Lower Cheung Sha Village • Karte B6 • 2980 2699 • $$*

3 McSorley's Ale House, Lantau

Von Heimweh geplagte ortsansässige Ausländer kommen hierher, um Fish and Chips, Pasteten, Currys und Sonntagsbraten zu genießen. Dazu werden Guinness und Ale ausgeschenkt. *Block B, DB Plaza, Discovery Bay • Karte C4 • 2987 8280 • $$$*

4 Cheung Chau Windsurfing Centre Bistro, Cheung Chau

Von 13 bis 18 Uhr lenken Frühstück, Snacks und gute westliche Vorspeisen vom Wassersport ab. *1 Hai Pak Rd, Cheung Chau • Karte C6 • 2981 2772 • $$*

5 Rainbow Seafood, Lamma

Dies ist eines der besseren Seafood-Restaurants auf Lamma. Einheimische lieben das Lokal mit Hafenblick. *16–20 First St, Sok Kwu Wan • Karte E6 • 2982 8100 • $$*

6 Tin Yin Dessert, Cheung Chau

Hier wird man mit zum Teil ungewöhnlichen Leckereien verwöhnt. Probieren Sie z. B. Sago mit Gelee und Kokosmilch. *9 Tai Hing Tai Rd • Karte C6 • keine Kreditkarten • $*

7 Bookworm Café, Lamma

Das Lokal macht keinen Hehl aus seiner vegetarischen Ausrichtung. Die Bedienungen sind freundlich, die Gerichte und Säfte aus biologischen Zutaten ausgezeichnet. *79 Yung Shue Wan Main St • Karte D5 • 2982 4838 • keine Kreditkarten • $$*

8 Lamma Man Fung Seafood, Lamma

Es gibt auf Lamma besseres und günstigeres Seafood, doch die Lage mit Blick auf die Bucht ist superb. *5 Main St, Yung Shue Wan • Karte D5 • 2982 0719 • $$*

9 Cheung Kee, Cheung Chau

Das Restaurant unmittelbar an der Fähranlegestelle ist etwas heruntergekommen. Nudeln, Klöße und Wontons sind dennoch zu empfehlen. *83 Praya St • Karte C6 • 2981 8078 • keine Kreditkarten • $*

10 Ming Kee Seafood, Po Toi

Das einzige Restaurant in Po Toi wird von einem Gastwirt und dessen sieben Töchtern geführt. Man erreicht es entweder per Dschunke oder sonntags von Stanley aus. *Tai Wan • Karte F6 • 2849 7038 • keine Kreditkarten • $$*

Falls nicht anders angegeben, akzeptieren alle Restaurants Kreditkarten und bieten auch vegetarische Gerichte an.

Links **Leuchtturm Guia** Mitte **Relief im Maritime Museum** Rechts **São Domingos**

Macau

MACAU WIRD VOM GLÜCKSSPIEL *beherrscht. Mit gut 30 Casinos macht man hier angeblich mehr Gewinn als in Las Vegas. An den Wochenenden, wenn Besucher aus Hongkong und verstärkt auch vom chinesischen Festland kommen, sind die Umsätze am höchsten. Macaus Geschichte wurde 400 Jahre von den Portugiesen geprägt, die ganze Viertel mit Kopfsteinpflastergassen und iberischer Architektur hinterließen. Die Küche vereint Einflüsse aus China und Portugal.*

TOP 10 Attraktionen

1. Avenida da Republica
2. Leuchtturm Guia
3. Ruinas de São Paulo
4. Largo do Senado
5. Centro Cultural
6. Protestantischer Friedhof
7. Camões-Grotte
8. Fortaleza do Monte
9. Teatro Dom Pedro V
10. Igreja e Seminário de São José

Lou Lim Ieoc Garden

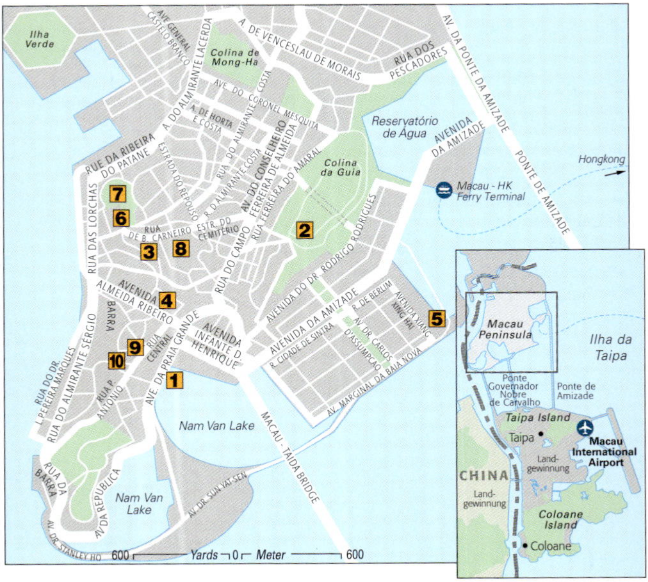

Macau im Internet **www.macautourism.gov.mo**

Ruinas de São Paulo

1 Avenida da Republica

Die anmutigen Zweige und Luftwurzeln der Banyan-Bäume spannen sich über den eleganten Boulevard mit bonbonfarbener, prächtiger Kolonialarchitektur. Anders als in Hongkong sind viele historische Bauten in Macau in ausgezeichnetem Zustand. An dem wunderschönen einstigen Fort, dem heutigen Hotel Pousada de São Tiago, wird die Straße zur Rua de São Tiago da Barra. Folgt man dieser Straße, gelangt man zum A-ma Temple und zum Maritime Museum *(siehe S. 122)*.

2 Leuchtturm Guia

Das weithin sichtbare Wahrzeichen von Macau hält seit 1638 einsam Wache auf dem Guia-Hügel. Das Leuchtsignal hat alle Schiffe, von portugiesischen Handelsschiffen bis hin zu Piraten- und holländischen Kriegsschiffen auf Beutefahrt, empfangen. Mit der Seilbahn geht es nach oben. Vom höchsten Punkt in Macau hat man einen tollen Rundblick.

frei

3 Ruinas de São Paulo

Die Fassade und der feine Mosaikfußboden sind die einzigen Überreste von Macaus ehemals schönster Kirche. Die Ruine liegt oberhalb einer steilen Steintreppe. Auf einem Stahlgerüst befindet sich eine Aussichtsplattform. Zu ihren Glanzzeiten wurde die von Jesuiten errichtete Kirche als größtes Monument der Christenheit im Osten gefeiert. Bei einem Taifun 1835 geriet sie in Brand. In den 1990er Jahren wurde die Fassade stabilisiert.

Museum für sakrale Kunst: tägl. 9–18 Uhr • frei

4 Largo do Senado

Kolonialbauten in leuchtenden Farben und Straßenpflaster mit Wellenmuster kennzeichnen den Platz im Zentrum von Macau. An einer Seite erhebt sich der Leal Senado (»loyaler Senat«). Der heutige Sitz der Verwaltung war früher das portugiesische Machtzentrum. Der Name entstand im 17. Jahrhundert, als sich Macau weigerte, die spanische Besetzung Portugals anzuerkennen. *Leal Senado: Di–So 9–21 Uhr; frei*

Links **Imbiss** Rechts **Largo do Senado mit gepflastertem Wellenmuster**

Einreiseformalitäten für Macau **siehe S. 136**

Links **Camões-Grotte** Rechts **Igreja e Seminário de São José**

5 Centro Cultural

Das elegante Gebäude wurde für die Rückgabe der Kolonie an China geplant und 1999 rechtzeitig fertiggestellt. Die Feier fand dann aber hinter dem Kulturzentrum in einem provisorischen Bau statt, der wie eine überdimensionale chinesische Laterne aussieht. Hier findet jeden März das Macau Arts Festival statt. Am Dach fällt eine Art »Sprungschanze« ins Auge, deren Funktion unklar ist. *tägl. 11–19 Uhr • frei*

6 Protestantischer Friedhof

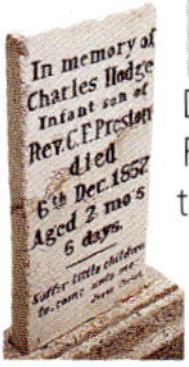

Grabstein

Der protestantische Friedhof ist interessanter, als es scheinen mag. Man kann hier stundenlang durch die schattige Anlage spazieren und die unterschiedlichen Grabsteine studieren – von Matrosen, die an der Pest starben, oder von abenteuerlustigen Kolonisten. Ihre letzte Ruhe fanden hier u. a. der Maler George Chinnery (die Bar im Mandarin Oriental in Hongkong ist nach ihm benannt) und Robert Morrison, der erste Protestant, der in China missionierte. *tägl. 9–17.30 Uhr • frei*

7 Camões-Grotte

Der Autor des portugiesischen Epos *Os Lusíadas* aus dem 16. Jahrhundert war wohl nie in Macau, doch daran sollte man die hier lebenden Portugiesen nicht erinnern. Luis Vaz de Camões war ein Meister der pathetisch patriotischen Dichtung. Seine Büste steht in der düsteren Grotte. Die angrenzenden Gärten werden frühmorgens von alten Männern mit ihren Vogelkäfigen besucht. *tägl. 6–22 Uhr • frei*

Geschichte von Macau

Die Halbinsel Macau wurde 1557 von den Portugiesen besiedelt und diente als Handelsposten und Mission. 1622 hätten fast die Holländer die Kolonie erobert. In den folgenden 250 Jahren hatte es Macau sehr schwer: Die Portugiesen versuchten Mitte des 19. Jahrhunderts, ihren Machtbereich auszubauen, und annektierten die Nachbarinseln Taipa und Coloane. Macau konnte es nie mit Hongkong aufnehmen. Nur Glücksspiel, Opiumhandel und Prostitution florierten. Erst 1999, lange nach dem Ende des Kolonialismus, gaben die Portugiesen die Enklave an China zurück.

Fortaleza do Monte

Infos zum Centro Cultural unter **www.macau99.org.mo**

Kolonialgebäude

8 Fortaleza do Monte

Die Mauern der wehrhaften Festung umschlossen einst die portugiesische Siedlung in Macau und konnten nach Meinung der stolzen Bewohner einer jahrelangen Belagerung standhalten. Dies wurde 1622 auf die Probe gestellt, als die Holländer Macau angriffen und vernichtend geschlagen wurden. Bis 1966 war hier die portugiesische Kaserne untergebracht. *tägl. 6–19 Uhr • frei*

9 Teatro Dom Pedro V

Das erste westliche Theater in Asien eröffnete 1858. Nach jahrelangem Verfall gibt es dank einer Renovierung wieder Aufführungen. Der Aufstieg auf den Hügel lohnt sich, um Einblick in die Theatergeschichte der ehemaligen Kolonie zu bekommen. *tägl. 9–18 Uhr • Infos zu Aufführungen beim Fremdenverkehrsbüro: 8399 6699*

10 Igreja e Seminário de São José

Jesuiten errichteten die reich verzierte, zitronengelbe Kapelle (1746–58) nach dem Vorbild der Kirche Il Gesù in Rom. Die wiederentdeckte Weihinschrift nennt den König João V von Portugal, den Bischof Hilario de Santa Rosa von Macau und den chinesischen Kaiser Qian Long (Qing-Dynastie). Die 200 Jahre alte Glocke erklingt täglich. Im Inneren können Besucher katholische Artefakte besichtigen.

Ein Tag in Macau

Vormittag

Nehmen Sie ein Taxi zu den **Ruinas de São Paulo** im Zentrum von Macau, lassen Sie sich auf den Stufen davor fotografieren und erkunden Sie dann die umliegenden Läden mit ihren chinesischen Möbeln und Antiquitäten. Die rot lackierten Truhen und Schränke sowie die alten Tische und Stühle aus Teakholz sind hier preiswerter als in Hongkong. Wenn Sie müde sind, fahren Sie einfach mit einem Taxi über die Brücke zur Insel Coloane und essen dort bei **Fernando's** *(siehe S. 125)*. Bestellen Sie unbedingt einen großen Krug Sangria zu Brathähnchen, Gambas mit Knoblauch, Muscheln und Sardinen. Übrigens: Der portugiesische Salat ist einfach köstlich.

Nachmittag

Einen kleinen Verdauungsspaziergang können Sie am **Hac Sa Beach** *(siehe S. 122)* unternehmen oder Sie steigen in den Minibus, der vor Fernando's hält. Fahren Sie damit zum Dorf Taipa mit seinen malerischen Häusern und Läden. Dort finden Sie problemlos ein Taxi für die Fahrt zurück nach Macau. Schauen Sie im **Hotel Lisboa** *(siehe S. 123)* vorbei und genießen Sie die Atmosphäre des größten Casinos. Versuchen Sie ruhig Ihr Glück, aber denken Sie daran: Glücksspiel kann süchtig machen. Reißen Sie sich rechtzeitig los und fahren Sie zur Avenida Dr Sun Yat-sen mit ihren vielen Bars. Sie können die Nacht im **Moonwalker** beginnen und anschließend im **Opiarium Café** *(siehe S. 124)* weiterfeiern.

Weitere Infos zu Sehenswürdigkeiten in Macau
www.macauheritage.net

Links **Lou Lim Ieoc Garden** Mitte **Rua da Felicidade** Rechts **Maritime Museum**

TOP 10 Dies & Das

1 Macau Tower
Man nennt den Turm nach dem Casinomogul auch »Dr. Hos Erektion«. Mit 338 Metern Höhe ist er höher als der Eiffelturm. Der Turm wird Mittelpunkt eines künftigen Freizeitparks und Restaurantkomplexes sein. Sein Drehrestaurant hat einen gläsernen Boden. *Nam Van Lakes*

2 Pousada de Coloane
Bei Sonnenschein ist Macaus ältestes Strandhotel ideal für kühle Drinks. *Cheoc Van Praia, Coloane • 2888 2143*

3 Lou Lim Ieoc Garden
Hier gibt es Schatten spendende Bäume, viele Bänke und Lotosteiche. *Avenida do Conselheiro Ferreira De Almeida • tägl. 6–18 Uhr*

4 Macau Museum
Die Ausstellung zu Geschichte und Architektur ist zu empfehlen. *Praceta do Museu de Macao 112 • 2835 7911 • Di–So 10–18 Uhr • Eintritt*

5 São Domingos
Die blassgelbe Kirche im spanischen Stil erhebt sich über den Largo do Senado. Sie wurde wegen Termitenbefalls renoviert. Das Museum zeigt 300 religiöse Kunstwerke. *Largo do Domingos • tägl. 10–18 Uhr • frei*

6 A-ma Temple
Dschunkenbilder schmücken die wunderschönen Tempelhallen. Sie sind dem Schutzpatron der Seefahrer, von dem sich der Name »Macau« ableitet, geweiht. *Rua do Almirante Sergio • tägl. 8–19 Uhr • frei*

7 Rua da Felicidade
Die »Straße der Glückseligkeit« war in früherer Zeit von Bordellen gesäumt – daher stammt der vielsagende Name. Heute ist dies eine ruhige Straße mit preisgünstigen Restaurants.

8 Maritime Museum
Wer sich für die Seefahrtsgeschichte von Macau interessiert, sollte diesem Museum unbedingt einen Besuch abstatten. *Largo do Pagode da Barra • 2859 5481 • Mi–Mo 10–17.30 Uhr • Eintritt*

9 Pousada de São Tiago
Das schöne Hotel *(siehe S. 154)* mit Blick auf die Bucht entstand im 17. Jahrhundert als portugiesische Festung. *Avenida da República • 2837 8111*

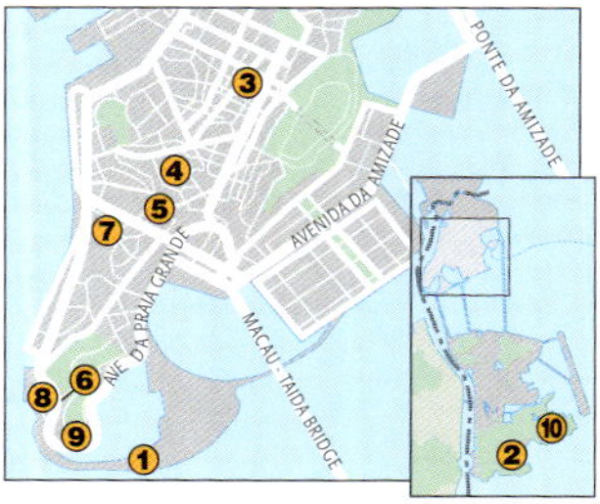

10 Hac Sa Beach
Schlendern Sie am schwarzen Sandstrand zum Westin Resort *(siehe S. 154)*. Dort können Sie etwas trinken. *Coloane*

Macau Museum im Internet **www.macaumuseum.gov.mo**

Links **Wynn** Mitte **The Venetian** Rechts **Sands**

TOP 10 Casinos & Rennbahnen

1 Hotel Lisboa
Das Vorzeigecasino von Spielhallenmogul Dr. Stanley Ho wirkt wie eine Kreuzung aus UFO und Hochzeitstorte und gehört mit dem 261 Meter hohen Grand Lisboa nebenan zu den bizarrsten Gebäuden in Macau. *Avenida de Lisboa 2–4 • 2888 3888 • 24 Std.*

2 Macau Jockey Club
Das Club ist im Vergleich zur edlen Filiale in Hongkong etwas heruntergekommen. *Estrada Gov Albano da Oliveira, Taipa • 2882 0868 • Rennen: Mi oder Do & Wochenende • Eintritt*

3 Canidrome
Dies ist Asiens einziger Club für Windhundrennen. *Avenida General Castelo Branco • 2833 3399 • Di, Do & Wochenende • Eintritt*

4 Jai Alai Casino
In dieser ehemaligen Jai-Alai-Wettkampfhalle ist es sehr verraucht. Das Personal ist äußerst freundlich. *Avenida da Amizade, in der Nähe des Jetfoil Terminal • 2872 6086 • 24 Std.*

5 Mandarin Oriental Casino
In dem sehr gepflegten Casino spielen gut gekleidete Gäste und trinken Martinis. *Avenida da Amizade • 8805 8888 • 24 Std.*

6 The Venetian
Hier kommt, mitten in den Tropen, Las-Vegas-Feeling auf. Wer des ewigen Spielens müde ist, kann sich bei aufwendigen Shows sowie beim Shoppen entspannen. *Estrada da Baía de N Senhora da Esperança, Cotai Strip • 2882 8888 • 24 Std.*

7 MGM Grand
Die gewellte Fassade, ein luxuriöses Spa und eine gigantische Spielhalle in der Gestalt eines portugiesischen Marktplatzes sind die hervorstechendsten Merkmale des MGM Grand. *Avenida Dr Sun Yat-sen, NAPE • 8802 8888 • 24 Std.*

8 Wynn
In dem verschwenderisch gestalteten Casino zieren Blumenteppiche die Böden, Kronleuchter und viel Farbe die Wände. *Rua Cidade de Sintra, NAPE • 2888 9986 • 24 Std.*

9 Kam Pek Casino
Die Stammgäste heißen Urlauber und Hongkonger nur selten willkommen. *Rua de Foshan • 24 Std.*

10 Sands
Das erste Megacasino im Vegas-Stil wurde im Hafengebiet errichtet. *Largo de Monte Carlo 203 • 2888 3388 • 24 Std.*

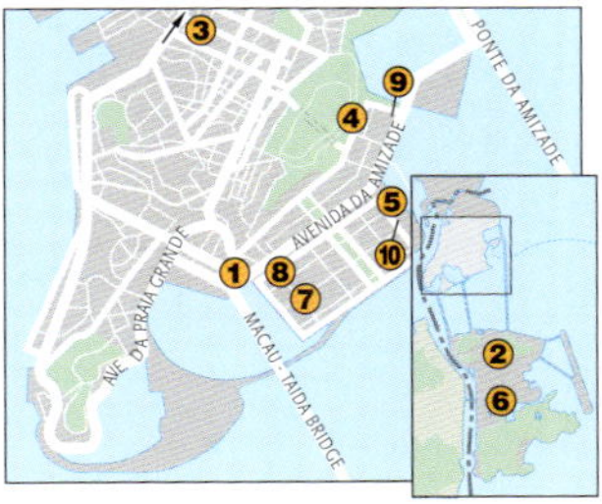

1847 wurde das Glückspiel in Macau, dem »Monte Carlo des Orients«, legalisiert.

Links **Oskar's Bar** Mitte **Vasco** Rechts **Casablanca Café**

TOP 10 Cafés, Bars & Clubs

1 Bellini Lounge
In einer Ecke des Venetian versteckt sich diese schicke Bar. Lassen Sie sich vom Design nicht täuschen. Hier setzt man auf gute Live-Musik – entweder von einer der beiden Hausbands oder von Gastmusikern. An der Rezeption weiß man, wer auftritt.
Venetian Hotel, Estrada da Baía de N Senhora da Esperança, Cotai Strip

2 Opiarium Café
Gäste schätzen die gemütlichen Sofas, den tollen Ausblick und die Live-Musik. *Avenida Dr Sun Yat-sen • $*

3 Club CUBIC
Der fabelhafte Club im Besitz eines Hongkongers bietet am Wochenende DJs und Cocktails.
2/F AIA Tower, 301 Avenida Comercial de Macau

4 Macau Jazz Club
Der Club ist größer, aber nicht so stimmungsvoll wie der verrauchte Hinterzimmer-Club, den es hier früher gab. In der Nähe schaut die goldene Statue der Göttin der Barmherzigkeit auf verkaterte Passanten herab. Ab 21 Uhr gibt es Live-Musik.
Avenida Dr Sun Yat-sen

5 Oskar's Bar
In der typischen Hotelbar trifft man auf Urlauber, auf Einheimische und gelegentlich auf Prostituierte.
G/F Holiday Inn Hotel, Rua de Pequim

6 Vasco
Vasco serviert tapasähnliche Speisen und einfallsreiche Cocktails. Abends treten Musiker auf.
G/F Mandarin Oriental, Avenida da Amidaze

7 Talker Pub
Die Einheimischen sind leicht reizbar – also Vorsicht! Im Fernsehen läuft Fußball, an der Bar das Bier. *Rua de Pedro Coutinho 104*

8 D2
In dem zweigeschossigen Tanzclub hört man Pop, Rock, House und Techno. An Wochenenden heizen Tänzerinnen die Stimmung an. *2/F AIA Tower, 251A–301 Avenida Comercial de Macau*

9 Moonwalker
Das Moonwalker ist eine äußerst beliebte Bar. Mit ein Grund hierfür ist wahrscheinlich die fantastische Aussicht auf den Hafen.
Vista Magnifica Court, Avenida Marginal da Baia

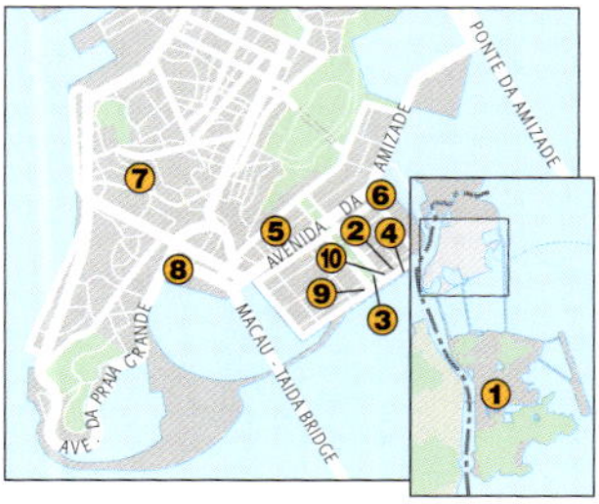

10 Casablanca Café
Verkneifen Sie sich den Angestellten gegenüber das »play it again, Sam«.
Dynasty Plaza, Avenida Dr Carlos Assumpcão

Nachtclubs in Hongkong **siehe S. 52f**

Preiskategorien

Preis für ein Drei-Gänge-Menü pro Person mit einer halben Flasche Wein, inkl. Steuern und Service.	$	unter 100 HK$
	$$	100–250 HK$
	$$$	250–450 HK$
	$$$$	450–600 HK$
	$$$$$	über 600 HK$

Links **Gegrillte Sardinen bei Fernando's** Rechts **Clube Militar de Macau**

TOP 10 Restaurants

1 Fernando's
Fernando's ist berühmt und authentisch. Zu empfehlen sind das saftige Brathähnchen, gegrillte Sardinen, Sangria und Knoblauch-Gambas. *Praia Hac Sa 9, Coloane • 2888 2531 (Reservierung erforderlich) • keine Kreditkarten • $$$*

2 A Lorcha
Hier kann man die Macau-Küche, einen Mix aus westlichen und fernöstlichen Einflüssen, probieren, z. B. Grillhähnchen, *bacalhau* (Stockfisch) oder *caldo verde* (portugiesische Kartoffelsuppe). *Rua do Almirante 289 • 2831 3193 • $$$*

3 Litoral
Im besten Restaurant der Stadt für Macau-Küche sollten Sie Krabbencurry oder gefüllte Garnelen versuchen. *Rua do Almirante Sergio 261 • 2896 7878 • $$$*

4 Solmar
Das bei Einheimischen beliebte Restaurant serviert eine Fischsuppe mit Kabeljau, bei der der Fisch auf der Zunge zergeht. *Avenida da Praia Grande 512 • 2888 1881 • $$$*

5 Ou Mun
Ou Mun serviert Gebäck und den besten Morgenkaffee. *12 Travesa de São Domingos • 2837 2207 • keine Kreditkarten • $$*

6 Mezzaluna
In diesem romantischen Restaurant gibt es edle Weine und die beste Pasta in Macau. *Mandarin Oriental, Avenida de Amizade 956–110 • 2856 7888 • $$$*

7 Clube Militar de Macau
Der einstige Militärclub gilt als eines der besten Beispiele klassischer europäischer Architektur in Asien. Die portugiesischen Gerichte sind etwas für Feinschmecker. *Avenida da Praia Grande 975 • 2871 4000 • $$$$*

8 Espaco Lisboa
Der Besitzer persönlich kocht in diesem verschlafenen, gemütlichen Dorflokal. *Rua das Gaivotas 8, Coloane • 2888 2226 • $$$*

9 Cozinha Portuguesa O Manel
Küchenchef Manel ist für seinen *bacalhau* bekannt. Er importiert norwegischen Premium-Kabeljau, der in Portugal zu Stockfisch verarbeitet wurde. *Rua Fernão Mendes Pinto, Taipa Village 90 • 2882 7571 • $$$*

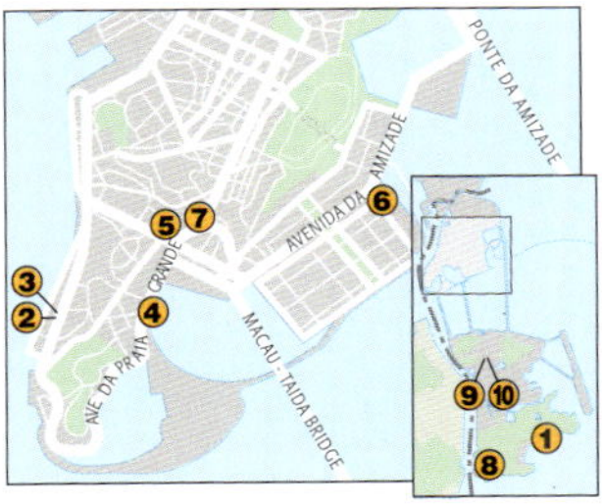

10 Restaurante Pinocchio
Hausspezialitäten sind scharfe Gambas, gebratene Taube und Krebscurry. *Rua do Sol 4, Taipa Village • 2882 7128 • $$$*

Falls nicht anders angegeben, akzeptieren alle Restaurants Kreditkarten und bieten auch vegetarische Gerichte an.

Links **Krebse auf dem Dong-Men-Markt** Mitte **Minsk World** Rechts **Chinesischer Freizeitpark**

Shenzhen

SCHON IMMER WAR SHENZHEN, *gleich hinter der Grenze zwischen New Territories und China, eine kleine kommunistische Stadt, deren Fischereigenossenschaften einen Gegensatz zum kapitalistischen Hongkong bildeten. Doch Shenzhen (oder »Shumchun«) hat sich in 20 Jahren von einer trostlosen Siedlung zu einer vibrierenden Stadt gemausert. Shenzhen ist eine Sonderwirtschaftszone, in der Freihandel erlaubt ist. Der dadurch ausgelöste Wirtschaftsboom hat leider auch Gauner, Betrüger und Bettler aus ganz China angelockt. Für diese ist Shenzhen ein Ersatz für Hongkong, für Urlauber mag der billige Kommerz ein Vorgeschmack auf das neue China sein.*

TOP 10 Attraktionen

1. Luo Hu Commercial City
2. Dong Men District
3. Minsk World
4. China Folk Culture Village
5. Splendid China
6. Window of the World
7. Happy Valley
8. Mission Hills Golf Club
9. Schönheitsbehandlungen
10. Honey Lake Resort

Luo Hu Commercial City

Shenzhen im Internet **www.shenzhentour.com/_english**

1 Luo Hu Commercial City

Die riesige Shopping-Mall hinter der Grenze ist die bequemste Einkaufsmöglichkeit in Shenzhen. Auf fünf Stockwerken kann man praktisch alles kaufen, was das Herz begehrt. Angeboten werden chinesische, meist solide Markenprodukte oder gefälschte westliche Artikel (die man auf gut Glück kaufen kann). Verkauft werden zudem Bekleidung, Schuhe, Schmuck, Uhren, Accessoires und Elektronikartikel. Im fünften Stock gibt es einen großen Stoffmarkt. Versuchen Sie zu handeln. Beginnen Sie bei zehn Prozent des genannten Preises. ✎ *an der Grenzstation*

Minsk World

2 Dong Men District

In dem weitläufigen Viertel Dong Men gibt es ein riesiges Areal mit Bekleidungsgeschäften. Denken Sie beim Einkauf daran, dass z. B. Herrenhemden für asiatische Größen geschneidert sind – probieren Sie sie an, bevor Sie bezahlen. Am östlichen Rand von Dong Men führt eine Fußgängerbrücke zu einem großen Stoffmarkt über einem Lebensmittelmarkt. Achtung: Hier gibt es keine englischen Schilder mehr. ✎ *Dong Men District, einige Kilometer nördl. von Luo Hu*

3 Minsk World

Auf einem ehemaligen Flugzeugträger der UdSSR werden ausgerechnet amerikanische Hotdogs verkauft. Das Schiff ist ein bei chinesischen Urlaubern sehr beliebtes Ausflugsziel, doch nur wenige Europäer kommen hierher. Dabei kann man in einem Film explodierende Raketen erleben, den ausgestopften russischen Weltraumhund Strelka sehen und ein russisches Cabaret beklatschen. ✎ *Bezirk Yantian • 2535 5333 • tägl. 9.30–16 Uhr • Eintritt*

4 China Folk Culture Village

Die Nachbauten traditioneller Dörfer in Originalgröße werden von gepflegten und anscheinend stets gut gelaunten Menschen bewohnt, die verschiedene chinesische Volksgruppen darstellen. Das Ganze dürfte für Anthropologen ein Albtraum sein, doch die Besucher lernen dabei einiges über Chinas kulturelle und ethnische Vielfalt. ✎ *Overseas Chinese Town • 2660 0626 • tägl. 9–21.30 Uhr • Eintritt*

5 Splendid China

Splendid China präsentiert chinesische Architekturwunder, darunter befinden sich Nachbauten des Kaiserpalasts in Beijing, der Terrakottakrieger aus Xi'an und der Großen Mauer.
✎ *Overseas Chinese Town • 2660 0626 • tägl. 9–18 Uhr • Eintritt*

Splendid China

Einreisebestimmungen für China **siehe S. 136**

Links **Splendid China** Rechts **Window of the World**

6 Window of the World

Unter Shenzhens mitunter bizarr wirkenden Themenparks ist Window of the World für europäische Besucher besonders erstaunlich: eine Miniaturausgabe der ganzen Welt. Der japanische Fuji ist ein sechs Meter hoher Schlackehaufen, Besucher posieren in thailändischer Nationaltracht vor dem Taj Mahal und New York präsentiert sich hier noch mitsamt dem im Jahr 2001 zerstörten World Trade Center. Zu bestimmten Zeiten gibt es Shows auf den meisten »Kontinenten«, u. a. eine mit einem afrikanischen Stamm, der freilich sehr asiatisch aussieht. Daneben gibt es eine Wasserfahrt durch den Grand Canyon sowie eine Skipiste mit echtem Schnee.
Overseas Chinese Town • 2660 8000 • tägl. • Eintritt

7 Happy Valley

Der Freizeitpark stellt eine starke Konkurrenz für Hongkongs populären Ocean Park dar. Er bietet schwindelerregende Attraktionen wie den »Space Shot«, einen Salzwasserpool, eine Abenteuerbahn und Kampfsportvorführungen. Zwischen Happy Valley und anderen Themenparks verkehrt die Happy-Line-Monorail.
Overseas Chinese Town • 2694 9168 • Mo–Fr 9.30–22 Uhr, Sa & So 9–22 Uhr • Eintritt

8 Mission Hills Golf Club

Viele Manager aus Hongkong reisen gern über die Grenze, um in diesem Fünf-Sterne-Golfclub (216 Löcher) zu spielen. Es gibt auch 51 Tennisplätze. *Mission Hills Rd, Guanlan Town • Reservierungen: 2802 0888 • Shuttle-Bus von Lok Ma Chau, Hongkong, alle 20 Min. • www.missionhillschina.com*

9 Schönheitsbehandlungen

Wenn Sie vom Shopping und den Freizeitparks genug haben, können Sie sich bei einer sehr günstigen Fuß- oder Rückenmassage oder auch beim Nägellackieren entspannen. In Luo Hu *(siehe S. 127)* werden etliche Behandlungen angeboten. In den Hotels gibt es professionelle Reflexzonen- und traditionelle Massagen.

10 Honey Lake Resort

Am Rand von Shenzhen findet man am Honey Lake jede Art von Freizeitangebot, u. a. einen großen Freizeitpark, ein Shopping-Center, Golfplätze, Swimmingpools und Hallenbäder.
Shennan Lu, Futian • 2989 7388 • Eintritt

Mission Hills Golf Club

Hongkongs Ocean Park **siehe S. 54 & S. 73**

Laurel Restaurant

Preiskategorien

Preis für ein Drei-Gänge-Menü pro Person mit einer halben Flasche Wein, inkl. Steuern und Service.

$	unter 100 HK$
$$	100–250 HK$
$$$	250–450 HK$
$$$$	450–600 HK$
$$$$$	über 600 HK$

TOP 10 Restaurants

1 Laurel Restaurant

Das erstklassige traditionelle Kanton-Restaurant ist immer voll, doch das Warten lohnt sich. *Laden 5010, 5/F Luo Hu Commercial City • 8232 3668 • $$*

2 Jingyi Chaguan

In dem vegetarischen Teehaus-Restaurant sieht man auch buddhistische Mönche und hier lebende Ausländer. Probieren Sie die Dim Sum. *7/F Jingtang Dasha, 3038 Bao'an Nan Lu, Luo Hu • 2558 6555 • keine Kreditkarten • $$*

3 Golden Peninsula Chiu Chow

Das sehr gute chinesische Lokal mit Speisekarten auf Englisch ist leicht zu finden. Das Personal ist äußerst zuvorkommend. *Block B, 1/F Lido Hotel, Dong Men Nan Lu, Luo Hu • keine Kreditkarten • 8225 9988 • $$$*

4 360°

Mit dem Blick auf Shenzhen kann man im Drehrestaurant des luxuriösen Shangri-La Hotel *(siehe S. 148)* ein internationales Büfett, Eintöpfe und Grillgerichte genießen. *Shangri-La Hotel, Jianshe Lu • 8396 1380 • $$$*

5 Big Grey Wolf

Das ungewöhnliche Dekor basiert auf dem Gansu-Stil. Es gibt leckeres Gansu-Lamm und Kartoffelgerichte. *Huafu Lu 1022, Futian • 8324 1818 • keine Kreditkarten • $$*

6 Nanyuan Lu

Shenzhen hat wie viele andere Städte Chinas eine vitale muslimische Gemeinde. Die Restaurantkette serviert köstliche Hammel-Kebabs, gute Reisgerichte und frisches Naan-Brot. *Nanyuan Lu, Futian • $$*

7 Chaozhou Restaurant

Dies ist ein hübscher Ort, um Chaozhou-Spezialitäten zu probieren. Diese bilden eine Untergruppe der Kanton-Küche. Das Personal ist freundlich, die Haifischhautsuppe lecker. *The Landmark Hotel, Nan Hu Lu 2 • 8217 2288 • $$$$*

8 Casablanca

Das Lokal im Viertel Shekou, dem Zentrum für Europäer in Shenzhen, serviert internationale Speisen mit französisch-italienischem Schwerpunkt. *Seaworld Plaza, Hai Bin Building, Shekou • 2667 6968 • $$*

9 True Colors Dong Men

Das ruhige westliche Restaurant bietet Live-Jazz, gutes Essen und englischsprachiges Personal. *4/F Dong Men Friendship City, Jie Fang Lu • 8230 1833 • $$*

360° im Shangri-La Hotel

10 Soho Restaurant & Nightclub

In diesem beeindruckenden Lokal stimmt vom Essen bis zum Design einfach alles. *Bitao Club, Tai Zi Lu, Shekou • 2669 0148 • $$*

Falls nicht anders angegeben, akzeptieren alle Restaurants Kreditkarten und bieten auch vegetarische Gerichte an.

Links **Straßenszene** Mitte **Kampfsport im Park** Rechts **White Swan Hotel, Shamian Island**

Guangzhou

DIE BEIDEN GROSSEN REVOLUTIONEN IN CHINA, *die gegen das Kaiserreich und die kommunistische, begannen in Guangzhou (von den Europäern einst »Kanton« genannt) – das sagt alles über die Mentalität dieser weitläufigen südchinesischen Großstadt. Weit entfernt von Beijing spürt man hier noch immer die Unruhe eines Volkes, das sich ungern beherrschen lässt. Die moderne Stadt leidet unter Smog und lautem Verkehr, besitzt aber dennoch Charme – von den Gräbern der Han-Dynastie bis hin zu unzähligen Tempeln, traditioneller Architektur und den Reisterrassen auf der Insel Shamian.*

TOP 10 Attraktionen

1. Shamian Island
2. Gei-Spaziergang
3. Hua Lin Temple & Jademarkt
4. Chen Clan Temple
5. Temple of Filial Piety & Temple of Six Banyan Trees
6. Nanyue Tomb
7. Yuexiu Park
8. White Cloud Mountain
9. Guangdong Museum of Art
10. Bootsausflüge auf dem Fluss

Pagode, Six Banyan Trees

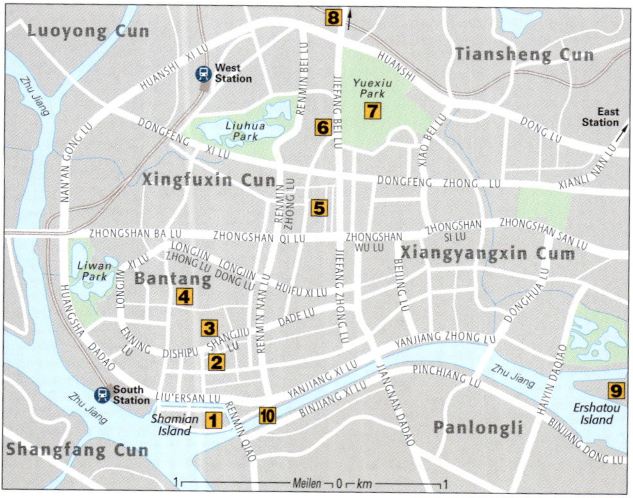

 Guangzhou im Internet **www.visitgz.com/en**

Links **Spaziergang durch die *gei*** Rechts **Chen Clan Temple**

1 Shamian Island

Die kleine Flussinsel im Südwesten von Guangzhou diente lange Zeit als Tor nach China. Nur hier durften Kaufleute und Gesandte mit China Handel treiben und vorsprechen. Heute ist dies eine bezaubernde grüne Oase mit restaurierten historischen Häusern. Einige gute Unterkünfte und Restaurants sowie ruhige Spazierwege am Fluss haben dieses Areal verschönert.

2 Gei-Spaziergang

Die einfachste, aber beste Art, Guangzhou zu erleben, ist ein Spaziergang durch die *gei*, die engen Gassen zwischen den alten, baufälligen Häusern im historischen Teil der Stadt. Die Straßen oberhalb der Insel Shamian bis hinauf zum Liwanhu-Viertel sind besonders interessant: Wer hier entlangschlendert, sieht das Alltagsleben in Guangzhou. Man beobachtet Hausarbeiten, die sich seit Hunderten von Jahren nicht verändert haben, oder Kosmetikbehandlungen: Augenbrauen werden hier mit einem Stück Baumwolle gezupft.

Schmuck auf dem Jademarkt

3 Hua Lin Temple & Jademarkt

Der kleine buddhistische Tempel Hua Lin, der einen Kurzbesuch lohnt, ist von einem großen Jademarkt umgeben. Jade ist hier preiswerter als in Hongkong, obwohl man sich auskennen muss, um gute Qualität und vor allem echte Jade zu erkennen. Mehrere Antiquitätenläden sowie Jade- und Bernsteinverkäufer findet man westlich der Kangwang Zhong Lu und nördlich der Changshang Xi Lu. *nördl. der Xiaju Lu, östl. der Wenc Nan Wen Lu*

4 Chen Clan Temple

Der Name »Chen« ist der häufigste Familienname in dieser Region – kein Wunder, dass die vielen Chen-Sippen in den 1890er Jahren einen großen Tempelkomplex bauten. Wenn man noch keine Ahnenhalle in den New Territories besichtigt hat, sollte man dies hier tun. Besonders beeindruckend ist der verzierte Keramikfries am Dach, auf dem konfuzianische Erzählungen dargestellt sind. Außerdem werden hier Jadeschmuck, Knochenschnitzereien und anderes Kunsthandwerk verkauft (in unterschiedlicher Qualität). Ruhe und Schatten findet man in den mit Bäumen bepflanzten Innenhöfen der Anlage. *Zhongshan Qi Lu, Metro Chen Jia Ci • tägl. 8.30–17 Uhr • Eintritt*

Einreisebestimmungen für China **siehe S. 136**

Links **Temple of Six Banyan Trees** Rechts **Yuexiu Park**

5 Temple of Filial Piety & Temple of Six Banyan Trees

Der »Tempel der kindlichen Frömmigkeit« (Guangxiao Si) diente im 2. Jahrhundert v. Chr. als königlicher Tempel und wohl ab dem 4. Jahrhundert n. Chr. als buddhistischer Schrein. Die heutigen Bauten stammen aus dem 17. Jahrhundert. Man kann sich unter schönen alten Feigenbäumen in ruhigen Innenhöfen entspannen. Der nahe Tempel der sechs Banyan-Bäume (Liurong Si) verfügt über die älteste und größte Pagode in Guangzhou (55 m). Leider gibt es keine Banyan-Bäume mehr. *Guangxiao Lu*

6 Nanyue Tomb

Ein Museum dient zum Erhalt der Grabstelle und Artefakte eines der Könige der Südlichen Yue, die hier im 2. Jahrhundert v. Chr. herrschten. Das Grabmal (englische Beschilderung) bietet Einblick in eine kulturell hochstehende Gesellschaft: Zu sehen sind u. a. Keramikkissen und edle Verpackungsmaterialien. *Jeifang Bei Lu 867 • tägl. 9–17 Uhr • Eintritt*

7 Yuexiu Park

In dem bezaubernden Park stehen die Skulptur der »Fünf Ziegen«, das Wahrzeichen von Guangzhou (chinesisch hieß sie »Stadt der Ziegen«), und ein Denkmal für Dr. Sun Yat-sen, den »Vater des modernen China«. Das Stadtmuseum liegt im Zhen-Hai-Turm, dem letzten Überrest der Stadtmauern (14. Jh.). *Metro Yuexiu Gongyuan Park • tägl. 7–19 Uhr • Eintritt • Museum: tägl. 10.15–16 Uhr; Eintritt*

8 White Cloud Mountain

Oberhalb der Dunstglocke der Stadt erhebt sich dieses bewaldete Areal mit Tälern und Gipfeln: frische Luft, ein weiter Blick und eine kühle Brise.

9 Guangdong Museum of Art

Wahrscheinlich ist dies noch immer Chinas größtes Kunstmuseum mit antiker und zeitgenössischer Kunst des Landes. *Luhu Lu, Ersha • Di–Fr 9–17 Uhr, Sa & So 9.30–16.30 Uhr • Eintritt*

10 Bootsausflüge auf dem Fluss

Erleben Sie die Stadt vom Fluss aus. Touren gibt es von mehreren Anbietern. Eine Abendfahrt auf der Segelyacht *White Swan* ist besonders schön.

»Fünf-Ziegen«-Skulptur im Yeuxiu Park

Guandong Museum of Art **www.gdmoa.org/en_zhanting**

1920 Restaurant & Bar

Preiskategorien

Preis für ein Drei-Gänge-Menü pro Person mit einer halben Flasche Wein, inkl. Steuern und Service.	$	unter 100 HK$
	$$	100–250 HK$
	$$$	250–450 HK$
	$$$$	450–600 HK$
	$$$$$	über 600 HK$

TOP 10 Restaurants

1 J M Chef (alias Chao Mei)
Empfindliche Naturen sollten auf »Froschmilch« oder »Insekteneintopf« verzichten. Das »Hähnchen in drei Tassen Wein« ist hervorragend. Ⓝ *gegenüber dem White Swan Hotel, Shamian • 8121 7018 • keine Kreditkarten • $$*

2 Paddy Fields
Das beliebte Restaurant serviert echt irische Kost. In einem Land der Nudelgerichte kommt es beinahe einem Kulturschock gleich, Lamm in Minzsauce zu essen. Ⓝ *Central Plaza, Huale Lu 38 • 8360 1379 • $$*

J M Chef

3 Bei Juan Jiujia
Dies ist der richtige Ort um – neben anderen Kanton- und Chaozhou-Spezialitäten – bestes süßsaures Schweinefleisch *(tang cu li ji)* zu kosten. Ⓝ *Xiao Bei Lu 202 • 8356 3365 • keine Kreditkarten • $$*

4 Dong Jiang Hai Xian Da Jiu Lou
In dem fünfstöckigen Lokal sollte man Seafood probieren. Ⓝ *Yanjiang Lu 2, neben Haizhu Guangchang • 8318 4901 • $$*

5 1920 Restaurant & Bar
Hier lebende Ausländer und Einheimische genießen deutsch beeinflusstes Essen und abendliche Jazzsessions. Ⓝ *Yangjiang Zhong Lu 183 • 8333 6156 • $*

6 Qing Wa Ju
Dies ist das beste koreanische Restaurant der Stadt: drei Stockwerke und Dachterrasse mit Blick bis zum Dong Feng Park. Ⓝ *Shuiyin Lu 117 • 8725 1929 • $$*

7 Japan Fusion
Die Stadt ist für ihre riesigen Lokale bekannt. Dieses, eines der größten, serviert Kombinationen aus japanischen und kantonesischen Gerichten. Ⓝ *2/F Metro Plaza, Tian He Bei Lu 358–378 • 8384 5109 • $$*

8 Di Matteo
Guangzhous bester Italiener bietet einen sehr beliebten Sonntagsbrunch. Ⓝ *Westseite, 1. Stock, Tian He Bei Lu 175–181 • 8525 0789 • $$$*

9 Chuan Guo Yan Yi
Der Eintopf nach Sichuan-Art kommt hier nach Yin und Yang unterteilt auf den Tisch – für Leute, die keine »feurigen« Gerichte gewöhnt sind. Ⓝ *4/F Nan Fang Securities Bldg, 140–148 Tiyu Dong Lu • 3887 9878 • $$*

10 Tang
Das gepflegte Restaurant versucht sich in einer kantonesischen Interpretation der kaiserlichen Küche Chinas. Es liegt im selben Gebäude wie der bekannte Nachtclub. Ⓝ *Jian Shi Liu Ma Lu 1 • 8384 1638 • $$*

Falls nicht anders angegeben, akzeptieren alle Restaurants Kreditkarten und bieten auch vegetarische Gerichte an.

TOP 10 HONGKONG

REISE-INFOS

Links **Hongkonger Flughafen** Mitte **Britischer Laden** Rechts **Zweisprachige Straßenschilder**

TOP 10 Reisevorbereitung

1 Einreise
Bürger aus Deutschland, Österreich und der Schweiz benötigen für die Einreise einen noch sechs Monate gültigen Reisepass. Der deutsche Kinderpass mit Lichtbild wird anerkannt. Ohne Visum darf man sich maximal 90 Tage in Hongkong aufhalten. Für die Einreise nach China benötigt man ein Visum, das in Reisebüros in Hongkong erhältlich ist. Die Hongkonger Agentur China Travel Service stellt Visa für China aus. Hierfür müssen Sie Ihren Reisepass vorlegen und ein aktuelles Lichtbild zur Verfügung stellen. Die Bearbeitungsdauer beträgt in der Regel drei Tage. Macau darf man ohne Visum besuchen.

2 Beste Reisezeit
Die milden Monate von Oktober bis Ende Januar sind eine beliebte Reisezeit, obwohl das Hongkonger Wetter in März und April ideal für einen Besuch ist. Im Oktober und im April sind die Hotels oft ausgebucht und teurer.

3 Klima
Hongkong liegt etwas südlich des nördlichen Wendekreises, sodass die Region ein subtropisches Klima mit mildem Winter (Dezember bis Februar) hat. Die Temperaturen sinken dann auf bis zu 10 °C. Frühling (März/April) und Herbst (Oktober/November) sind dagegen kurz, warm und angenehm.
Im Sommer (Mai bis September) herrschen Durchschnittstemperaturen von etwa 28 °C, die relative Luftfeuchtigkeit erreicht dann über 80 Prozent. Oft entstehen Taifune und andere tropische Stürme.

4 Kleidung
Meist genügt leichte Bekleidung. Wegen der vielen Klimaanlagen ist ein Pullover oder etwas Vergleichbares empfehlenswert. Im Winter sollte man auf jeden Fall eine warme Jacke mitnehmen.

5 Sprachen
Kantonesisch, Mandarin (Hochchinesisch) und Englisch sind Amtssprachen in Hongkong. Englisch wird fast überall gesprochen. Ausnahmen sind Taxifahrer und Einwohner aus ländlichen Gegenden.

6 Gesundheit
Für Reisende wird eine Impfung gegen Tetanus, Diphterie, Polio und Hepatitis A empfohlen. Wer Besuche in Südchina oder Südostasien plant, sollte sich auch gegen Hepatitis B, Typhus, Japanische Enzephalitis und Tollwut impfen lassen. Eine Reisekrankenversicherung ist ein Muss.

7 Währung
In Hongkong wird mit dem Hongkong-Dollar (HK$), der in 100 Cent unterteilt ist, bezahlt. Es gibt Banknoten zu 20, 50, 100, 500 und 1000 HK$. Münzen werden im Wert von 1, 2, 5 und 10 HK$ sowie zu 10, 20 und 50 Cent ausgegeben. Der Hongkong-Dollar ist an den US-Dollar gekoppelt (10 HK$ sind knapp 1 Euro). Hongkong-Dollar werden in Macau akzeptiert, doch Rückgeld erfolgt in Pataca (MOP) und Avos. Für das chinesische Festland benötigen Sie allerdings die chinesische Währung (Yuan).

8 Geld
Hongkong kann recht teuer sein. Es gibt keine Begrenzung beim Geldumtausch *(siehe S. 142)*.

9 Preise
Hongkong ist nicht mehr das günstige Shopping-Paradies, das es einmal war: Die Preise für Marken- und Designerartikel ähneln denen in Europa, oft sind sie sogar höher. Schnäppchen findet man allerdings auf den Märkten *(siehe S. 38f)* und in Factory Outlets *(siehe S. 76 & S. 106)*.

10 Führerschein
Für das Fahren und Mieten eines Leihwagens benötigen Sie einen internationalen Führerschein.

Auf einen Blick

China Travel Service
78–83 Connaught Rd, Central • 2853 3533 • Mo–Sa 9–17 Uhr • www.ctshk.com/english

Vorhergehende Doppelseite **Gärtner im Zentrum von Hongkong**

Links **Flughafenzug** Mitte **Internationaler Flughafen Macau** Rechts **Passagierfähre**

TOP 10 Anreise

1 Direktflüge
Hongkong ist ein Drehkreuz für internationale Flüge mit Direktverbindungen u. a. nach London, Frankfurt am Main, München und Zürich.

2 Zwischenstopps
Flüge nach Hongkong werden auch mit Zwischenstopps angeboten, u. a. in Singapur, Kuala Lumpur und Bangkok, wenn man aus dem Westen anreist sowie in Seoul und Taipei, wenn man aus dem Osten nach Hongkong fliegt. Für Aufenthalte gibt es bisweilen Pauschalangebote.

3 Onlinebuchung
Es lohnt sich, Flug- und Hotelangebote im Internet zu prüfen. Inlandsflüge in China sollte man immer in Hongkong oder auf dem Festland buchen. Sie sind etwa 50 Prozent günstiger als im Internet. Hotelpreise in China sollte man vor Ort aushandeln.
www.asienreisen.de
www.lastminute.de
www.swoodoo.de
www.trivago.de

4 Preiswerte Flüge
Die preisgünstigste Reisezeit für Hongkong sind die Wochen nach dem chinesischen Neujahr sowie zwischen November und Mitte Dezember. Last-Minute-Angebote gibt es auch zu anderen Zeiten. Günstiger fliegt man bei frühzeitiger Buchung. Websites wie travelocity.de bieten einen E-Mail-Service, der über günstige Tickets automatisch informiert. Im August oder zwischen Weihnachten und chinesischem Neujahr sind Rückflüge oft teurer, weil dann viele Einheimische Hongkong verlassen.
www.travelocity.de

5 Flüge aus Südostasien
Wenn Sie sich vor dem Hongkong-Besuch in Südostasien aufhalten, können Sie günstige Flugtickets in Bangkok, Kuala Lumpur und Singapur kaufen.

6 Auskunft am Flughafen
Auskunftsschalter und eine Hotelinformation mit Reservierungsservice finden Sie in den Ankunftshallen A und B. *Information: 2181 8888; tägl. 8–18 Uhr • www.hkairport.com • Hotelreservierung: tägl. 6–1 Uhr*

7 Mit dem Zug auf dem Landweg
Wer Zeit (und Geld) mitbringt, kann Hongkong auf besonders abenteuerliche Weise erreichen – mit der Transsibirischen Eisenbahn durch die Mongolei oder Mandschurei nach Beijing und von dort mit einem Anschlusszug nach Hongkong. *www.trans-sib.de*

8 Mit dem Zug aus China
Züge nach Hongkong fahren regelmäßig jeden Tag von Guangzhou ab. Schlafwagenzüge zwischen Beijing und Shanghai starten im Abstand von zwei Tagen. »Bequeme« Schlafwagenabteile sind gut ausgestattet, die Fahrkarte hierfür kostet jedoch fast so viel wie ein Flugticket.

9 Mit dem Schiff
Schnelle, regelmäßige Fährverbindungen nach Hongkong gibt es ab Guangzhou und Macau. Die Überfahrt von Macau aus dauert ein bis zwei Stunden, von Guangzhou aus etwa zwei bis drei Stunden.

10 Mit dem Bus
Busse verkehren täglich zwischen Guangzhou und Hongkong.

Konsulate

Deutsches Generalkonsulat
21/F United Centre, 95 Queensway, Admiralty, Central, Hongkong • 2105 8788 • www.hongkong.diplo.de

Österreichisches Generalkonsulat
2201 Chinachem Tower, 34–37 Connaught Rd, Central, Hongkong • 2522 8086 • www.bmeia.gv.at/hongkong

Schweizer Generalkonsulat
Suite 6206–07, Central Plaza, 18 Harbour Rd, Wanchai, Hongkong • 2522 7147 • www.eda.admin.ch/hongkong

Die Generalkonsulate von Deutschland, Österreich und der Schweiz sind für Hongkong und Macau zuständig.

Links **MTR-Logo** Mitte **Taxi** Rechts **Hongkonger Doppeldecker-Tram**

TOP 10 In Hongkong unterwegs

1 Flughafentransfer

Die modernen Flughafenzüge (Airport Express) benötigen nach Central nur 24 Minuten. Sie fahren alle zwölf Minuten (tägl. 5.50–1.15 Uhr). Am Flughafen findet man auch leicht ein Taxi. Der Bus E11 fährt durch Central, Wanchai und Causeway Bay. Die Fahrt dauert eine Stunde, ist aber die preiswerteste Option.

2 Octopus Card

Wer vorhat, in Hongkong viel unterwegs zu sein, sollte eine Octopus Card erstehen (z. B. am Flughafen): Die mit Bargeld aufgeladene Karte wird in Bussen, Zügen, Fähren und Trams elektronisch gelesen. Es gibt für Urlauber 24-Stunden- und Drei-Tage-Tickets. *www.octopus.com.hk/en*

3 MTR

Mit der MTR (Mass Transit Railway) kommt man in Hongkong am schnellsten voran. Die Züge fahren von 5.30 Uhr bis 1 Uhr. Derzeit verbinden elf Linien Hong Kong Island und Kowloon mit Lantau, dem Flughafen und den New Territories bis zur chinesischen Grenze. Die Züge sind sauber, günstig und bis auf die Light Rail klimatisiert. Auf den Ticketautomaten stehen englische Bedienungsanleitungen.

4 Busse

Häufig verkehrende Busse steuern fast jeden Ort in Hongkong an. Die Tickets sind billig. Eine Karte mit den Buslinien ist in allen HKTB-Büros erhältlich. Große Hotels bieten Shuttle-Busse zu den Airport-Express-Haltestellen in Kowloon und Central an.

5 Taxis

In der Innenstadt verkehren rote Taxis zu recht günstigen Tarifen. Zusätzliche Gebühren werden für Tunnelmaut, Gepäck und Nachtfahrten erhoben. Die Fahrer erwarten kein Trinkgeld. In den New Territories sind die Taxis grün, auf Lantau blau. Nur wenige Taxifahrer sprechen gut englisch.

6 Fähren

Hong Kong Island ist mit Kowloon, den Inseln, Macau und China durch Fähren verbunden. Die Star Ferries *(siehe S. 14f)* pendeln zwischen Hong Kong Island und Tsim Sha Tsui auf Kowloon (6.30–23.30 Uhr). Die Anlegestellen für die Inselfähren liegen neben dem Star Ferry Pier in Central.

7 Trams

Die Doppeldecker-Trams fahren zwischen Kennedy Town und Chai Wan von West nach Ost. Sie sind alt, langsam, manchmal sehr voll und dennoch ein Erlebnis. Für alle Ziele gilt ein niedriger Einheitstarif. Die Peak Tram *(siehe S. 40)* fährt an der Garden Road ab.

8 Zu Fuß

Das Hongkonger Zentrum erkundet man am besten zu Fuß: Die Entfernungen sind überschaubar, zum Teil geht es jedoch steil bergauf und bergab. Attraktionen in Bezirken wie Western, Mid-Levels und Wan Chai sowie vieles in Kowloon und den Hongkonger Parks kann man nur zu Fuß besichtigen. In Central und Admiralty können Touren zu Fuß zu einem mühseligen Hin und Her durch ein Labyrinth von Über- und Unterführungen ausarten.

9 Mit dem Fahrrad

Wegen der Staus und Abgase sollte man in der Stadt nicht Fahrrad fahren. Für die steilen Landwege dagegen lohnt es sich, ein Fahrrad zu leihen (Infos bei der Hong Kong Cycling Association).

10 Mietwagen

In Hongkong sollte man auf ein Auto verzichten. Für einen Mietwagen ist ein internationaler Führerschein nötig.

Auf einen Blick

Hong Kong Cycling Association
2504 8176

Mietwagen
- *Avis 2576 6831; www.avis.com*
- *Hertz 2525 1313; www.hertz.com*
- *Trinity 2563 6117*

MTR im Internet **www.mtr.com.hk**

Links **Octopus Cards** Mitte **Logo der Information** Rechts **Stand des HKTB**

TOP 10 Information

1 Hong Kong Tourism Board (HKTB)

Das Fremdenverkehrsamt von Hongkong betreibt zentral gelegene Informationssbüros, eine informative Website und eine Hotline *(siehe S. 145)* in verschiedenen Sprachen *(siehe Kasten)*.

2 Websites

Die Website des Hong Kong Tourism Board *(siehe Kasten)* ist eine gute Informationsquelle (auch auf Deutsch). Auf Englisch informieren u. a. die Website der *South China Morning Post* (www.scmp.com) oder www.travel.dk.com/hong-kong.

3 Zeitungen

Die Tageszeitung *South China Morning Post* berichtet umfassend über Ereignisse aus der Region, aus China und dem übrigen Ausland. *The Standard* setzt weniger auf journalistische Information als auf Boulevardberichte.

4 Magazine

Das kostenlose *HK Magazine* veröffentlicht jede Woche Tipps und Informationen zu Restaurants, Bars und dem Hongkonger Nachtleben. Das ebenfalls kostenlose *BC Magazine* erscheint alle zwei Monate mit Veranstaltungskalendern der Nachtclubs. Beide Zeitschriften liegen in Restaurants und Bars aus.

5 TV & Radio

ATV World und TVB Pearl sind die beiden englischsprachigen Fernsehkanäle. Der öffentliche (redaktionell jedoch unabhängige) Hongkonger Radiosender heißt RTHK. RTHK 3 (567 kHz, 1584 kHz) bringt vor allem Nachrichten aus Politik und Wirtschaft, RTHK 4 (96,7–98,9 MHz) spielt klassische europäische und chinesische Musik, RTHK 6 (675 kHz) sendet den BBC World Service.

6 Praktische Bücher & Karten

Beim HKTB erhält man kostenlose Karten der Innenstadt und Gratisbroschüren, u. a. *A Guide to Quality Merchants, Hong Kong Access Guide for Disabled Visitors* und *Exploring Hong Kong's Countryside* – die Hefte gibt es auch auf Deutsch. Gute regionale Landkarten aus den *Countryside Series* sind u. a. in Buchläden erhältlich.

7 Wirtschaftsinfos

Der Hong Kong Trade Development Council (www.hktdc.com) bietet nützliche Informationen über Handel und Wirtschaft in Hongkong.

8 Daten & Fakten

Die offizielle Website der Sonderverwaltungszone Hongkong (www.gov.hk) enthält Links zu allen Abteilungen und ist eine recht gute allgemeine Informationsquelle.

9 Wetter & Umwelt

Hotline und Website des Hong Kong Observatory bieten Wettervorhersagen für die nächsten drei Tage. Weather Underground (www.wunderground.com) und die *South China Morning Post* (http://weather.scmp.com) liefern Infos zum lokalen Wetter und zur Luftqualität.

10 Bücher über Hongkong

Eine interessante literarische Vorbereitung sind die historischen Romane von James Clavell. Über spannende Hongkong-Filme informiert u. a. das Buch *Made in Hongkong. Die Filme von Jackie Chan* von Leo Moser.

Auf einen Blick

HKTB
www.discoverhongkong.com/german

HKTB-Büros
- *Flughafen: zwischen Ankunftshallen A & B*
- *Star Ferry Terminal, Tsim Sha Tsui, Kowloon; tägl. 8–20 Uhr*
- *Peak Piazza, zwischen Peak Tower & Peak Galleria; tägl. 9–21 Uhr*
- *Humboldtstraße 94, 60318 Frankfurt am Main; (069) 959 1290*

HKTB-Hotline
2508 1234

HK Observatory
2926 8200
- *www.weather.gov.hk*

Hongkong für wenig Geld **siehe S. 143**

Links **Straßenverkehr in Central** Mitte **Oben-ohne-Bars** Rechts **Öffentlicher Bus**

Top 10 Vorsicht!

1 Autofahren in Central & Kowloon

In Central und Kowloon gehören Staus zum Alltag. In diesen Vierteln geht man am besten zu Fuß oder nutzt öffentliche Verkehrsmittel.

2 Sonntags in Central

Hausangestellte (meist Filipinas) treffen sich sonntags auf den Bürgersteigen und Plätzen in Central und machen ein Durchkommen oft schwierig. Man kann die schlecht bezahlten Frauen beobachten, wie sie ihren einzigen freien Tag der Woche verbringen – ein deutlicher Kontrast zum herkömmlichen hektischen Einkaufstrubel in der Stadt.

3 The Peak an Sonntagen

An der Peak Tram gibt es am Wochenende lange Schlangen. Das gesamte Viertel am Peak ist vor allem sonntags übervölkert. Besuchen Sie den Peak besser an einem anderen (sonnigen) Tag.

4 Essen & Trinken in der MTR

Auf den Straßen Hongkongs stört sich niemand am Müll, doch in der sauberen MTR wird weder gegessen noch getrunken.

5 Animierlokale in Wan Chai oder Tsim Sha Tsui

Meiden Sie »Hostessen-Bars«, es sei denn, Sie wollen ein überhöhtes Eintrittsgeld bezahlen – zusätzlich zu den ohnehin hohen Getränkepreisen. Die Bars sind vor allem bei US-Matrosen auf Landgang beliebt, haben aber nichts mehr mit der vergangenen Welt einer Suzie Wong gemein.

6 Drogen

Es gibt drakonische Strafen für Personen, die mit illegalen Drogen erwischt werden (unabhängig von der Art der Droge). Kontrollen und Razzien finden manchmal in Gegenden wie Lan Kwai Fong statt.

7 Unbekannte Gegenden

Hongkong ist eine recht sichere Stadt, dennoch sollte man bei Dunkelheit Seitenstraßen und Wohnblockareale meiden.

8 Smog

An Tagen mit Smog kann man die Luftverschmutzung sehen, riechen und schmecken – vor allem in Causeway Bay und Central. Wenn der Index über 100 liegt, sollte man die Stadt meiden und besser eine der Inseln besuchen.

9 Passendes Fahrgeld

In Bussen erhält man kein Wechselgeld zurück – man muss also den passenden Betrag bereithalten. Eine Alternative ist eine aufladbare Octopus Card *(siehe S. 138)*.

10 Rucksäcke

Rucksackurlauber, die in Unterkünften wie den Chungking Mansions *(siehe S. 82 & S. 152)* übernachten, sollten sehr gut auf ihr Gepäck aufpassen. Es kommt leider immer wieder zu Diebstählen von Rucksäcken – oft sind Mitreisende die Täter.

Auf einen Blick

Notfälle (allgemein)
999

Polizei (keine Notfälle)
2527 7177

Hospital Authority Enquiry Service
2300 6555
• www.ha.org.hk

Caritas Medical Centre
111 Wing Hong St, Sham Shui Po
• 3408 7911

Matilda Hospital
41 Mount Kellet Rd, The Peak, Hong Kong Island
• 2849 0111

Queen Mary Hospital
102 Pok Fu Lam Rd, Hong Kong Island
• 2555 3111

Kreditkartenverlust
• Allgemeiner Notruf: 001 49 116 116
• American Express: 2811 6122
• Diners Club: 2860 1888
• MasterCard: 800 966 677
• Visa: 800 967 025
• Maestro-/EC-Karte: 001 49 69 740 987

Nacktbaden oder Oben-ohne-Baden ist an den Stränden verpönt. In gehobenen Lokalen ist korrekte Kleidung erwünscht.

Links **Überfüllte Straße** Mitte **Wanderung auf dem Wilson Trail** Rechts **Alte Apotheke**

TOP 10 Sicherheit & Gesundheit

1 Hotlines

Die Informations- und Notfall-Hotlines sind sehr hilfreich. Deren Personal beherrscht in der Regel die englische Sprache.

2 Trinkwasser & Essen

Das Leitungswasser in Hongkong ist problemlos trinkbar. Frisches Obst und Gemüse sollte man gründlich waschen. Wer gesundheitlich angeschlagen ist, sollte den vor Ort gefangenen Fisch lieber nicht essen. Viele Restaurants bieten Fisch aus dem Ausland an.

3 Luftqualität

Die Luftqualität in der Stadt wird dank der zunehmend umweltschonenden Motoren allmählich besser. Dennoch kann der Verschmutzungsgrad über 100 liegen. In diesem Fall sollten sich Personen mit Atemwegsproblemen in Gebäuden aufhalten. Ständig aktualisierte Informationen gibt es auf der SCMP-Website: http://weather.scmp.com

4 Meeresverschmutzung

Leider macht Hongkong bei der Abwasserreinigung nur langsam Fortschritte: Noch immer wird Abwasser ins Meer gepumpt. Es gibt gute Strände (meist unter staatlicher Verwaltung), die Wasserqualität kann jedoch erheblich schwanken. Giftalgen machen das Schwimmen teilweise gefährlich. Am besten schwimmt man an bewachten Stränden mit Anti-Hai-Netzen. An anderen Stränden sollte man nie während der Dämmerung, in trübem Wasser oder mit offenen Wunden baden.

5 Risiken vermeiden

Urlauber werden in Hongkong nur selten Opfer von Diebstählen und Verbrechen. Dennoch sollte man – wie in allen anderen Großstädten auch – Vorsichtsmaßnahmen beachten, z. B. ein Auge auf sein Eigentum haben, den Hotelsafe nutzen und Wertgegenstände sowie Dokumente nicht im Koffer oder im Rucksack lassen.

6 Vorsichtsmaßnahmen

Wer einen längeren Aufenthalt in Hongkong plant, sollten seine Reisepassnummer im zuständigen Konsulat *(siehe S. 137)* hinterlegen. Reisen Sie mit wertvollen Gegenständen, sollten Sie eine entsprechende Reiseversicherung in Betracht ziehen.

7 Hitze & Luftfeuchtigkeit

Wegen der glühenden Sommerhitze und der hohen Luftfeuchtigkeit in Hongkong ist es wichtig, ausreichend Flüssigkeit zu sich zu nehmen. Daneben ist kühlende, leichte und locker sitzende Baumwollkleidung empfohlen. Tragen Sie eine Kopfbedeckung oder nutzen Sie einen Schirm als Sonnenschutz, falls Sie längere Zeit im Freien sind. Vertragen Sie Hitze nicht so gut, sollten Sie während der heißesten Stunden ruhen. Eine erfrischende Brise weht meist auf dem Victoria Peak und an der Küste.

8 Wandern

Man sollte die eigene Leistungsfähigkeit bei Wanderungen nicht überschätzen – vor allem nicht an heißen Tagen. Nehmen Sie stets so viel Wasser wie möglich mit. Kaufen Sie zudem eine gute Landkarte. Vergessen Sie weder Handy noch Geld für Taxi oder Bus. Praktische Kleidung und gutes Schuhwerk sind wichtig. Denken Sie an Papiertaschentücher für die Toilettenbenutzung. Im Winter sollte ein Regenmantel nicht fehlen.

9 Krankenhäuser mit Notaufnahme

Die Notaufnahmen im Caritas Medical Centre und dem Queen Mary Hospital *(siehe S. 140)* sind rund um die Uhr in Betrieb.

10 Ärzte

Die Ärzte im Matilda Hospital sprechen Kantonesisch und Englisch. Das Privatkrankenhaus besitzt spezielle Abteilungen für Frauen und Urlauber, u. a. stehen auch Zahnärzte und Geburtshelfer zur Verfügung. In den *Yellow Pages* findet man weitere (englischsprachige) Ärzte und Zahnärzte.

Empfohlene Impfungen für Hongkong-Urlauber **siehe S. 136**

Links **Fenster einer Bank** Mitte links **ATM** Mitte rechts **Telefonzellen** Rechts **Mobil telefonieren**

Top 10 Geld & Kommunikation

1 Banken, Geld & Kreditkarten

In Hongkong gibt es zahlreiche Banken und Geldautomaten. Banken sind montags bis freitags von 9 bis 16.30 Uhr und samstags von 9 bis 12.30 Uhr geöffnet. Die meisten Geldautomaten (ATMs) sind rund um die Uhr verfügbar. Kreditkarten werden weithin akzeptiert. Den Verlust der Kreditkarte sollten Sie umgehend melden *(siehe S. 140)*.

2 Geld umtauschen & überweisen

Geld mit Maestro-/EC-Karten an Automaten abzuheben ist eventuell günstiger als der Umtausch von Reiseschecks. Geldüberweisungen sind bei Banken vor Ort oder bei Western Union möglich.

3 Post

Hongkongs Post ist schnell und effizient. Briefe innerhalb von Hongkong brauchen ein bis zwei Tage, Luftpostbriefe der Zone 1 (innerhalb Asiens, außer Japan) drei bis fünf Tage und Luftpostbriefe der Zone 2 (restliche Welt) fünf bis sieben Tage.

4 Telefonieren

Ortsgespräche in Hongkong sind oft gratis. In vielen Hotellobbys und Läden kann man kostenlos telefonieren. Für Münzfernsprecher benötigt man einen Hongkong-Dollar. Manche Apparate akzeptieren Kreditkarten und bieten Internet-Dienste. Telefonkarten für Auslandsgespräche bekommt man an Kiosken und Automaten, an den Piers der Star Ferry und in HKTB-Büros *(siehe S. 139)*.

5 Nach Hongkong telefonieren

Die internationale Vorwahl für Hongkong lautet 00852, für Macau 00853, für das chinesische Festland 0086. Ortsvorwahl für Macau ist 28, für Guangzhou 020 und für Shenzhen 0755. Hongkong besitzt keine Ortsvorwahl.

6 Handys

Hongkongs Mobilfunknetz basiert auf GSM. Fast alle Handys funktionieren hier. Kaufen Sie vor Ort Prepaid-SIM-Karten, das ist in der Regel wesentlich günstiger, als wenn Sie über Ihren heimischen Anbieter abrechnen.

7 Internet

Preiswerten Internet-Zugang gibt es fast überall, manchmal ist er sogar kostenlos *(siehe S. 143)*. In weiten Teilen von Hongkong kann man schnelle Breitbandverbindungen nutzen, so auch in großen Hotels, die Telefon und Internet in allen Zimmern anbieten.

8 Hong Kong Central Library

Hunderte von Magazinen und Zeitungen aus aller Welt kann man in der Zentralbibliothek in Causeway Bay kostenlos lesen. Zudem gibt es zahlreiche Internet-Zugänge. Daneben lädt ein gutes Café mit Tischen im Freien ein.

9 Faxe versenden

Faxe können von Kopierläden oder Messezentren aus versandt werden, Hotels sind jedoch oft preisgünstiger.

10 Büroservice

Büroservice-Angebote findet man in den *Yellow Pages*. Visitenkarten kann man sich an der Man Wa Lane in Sheung Wan (ab Des Voeux Road West) drucken lassen. Alle Daten der Visitenkarte sollten auf der Rückseite auch auf Chinesisch stehen.

Auf einen Blick

Deutschland Direkt
800 960 049

Auskunft
1081

Hauptpostamt
2 Connaught Place, Hong Kong Island • 2921 2222

PCCW-Telefonverleih
2888 0008

Zentralbibliothek
66 Causeway Bay Rd, Hong Kong Island • 3150 1234

Western Union
Star Ferry • 2367 7065 • www.westernunion.com.hk

United Centre
95 Queensway, Hong Kong Island • 2528 5631

Yellow Pages *(Gelbe Seiten) von Hongkong im Internet*
www.yp.com.hk

Links **Tempel** Mitte **Preisgünstiger Imbiss** Rechts **Tai Chi Chuan**

Top 10 Hongkong für wenig Geld

1 Preiswert essen

Imbisse und sehr preiswerte chinesische Restaurants gibt es im Überfluss. Fast-Food-Ketten konkurrieren in Hongkong miteinander. Mittags locken »All-you-can-eat«-Büfetts. Die Stände am Temple Street Night Market verkaufen preisgünstige Suppen- und Reisgerichte *(siehe S. 18f)*.

2 Preiswert ausgehen

Die meisten Bars bieten an den Abenden Happy Hours mit ermäßigten Preisen an. In vielen Bars bezahlen Frauen an bestimmten Tagen nichts für Getränke. An Renntagen kann man die Atmosphäre auf der Pferderennbahn in Happy Valley *(siehe S. 12f)* genießen und dazu preiswertes Bier trinken.

3 Ein Tag für wenig Geld

In Hongkong gibt es viele Möglichkeiten, einen Tag zu verbringen, ohne viel Geld auszugeben: Wandern Sie auf den Naturpfaden der Stadt *(siehe S. 46f)*, stöbern Sie auf dem Markt in Stanley *(siehe S. 39)* oder folgen Sie dem Dragon's Back Path nach Shek O *(siehe S. 74)*.

4 Gratisattraktionen

Für einen großartigen Blick auf einige der weltweit höchsten Gebäude sollten Sie die Aussichtsplattform in der 43. Etage des Bank of China Tower in Central *(siehe S. 42)* oder die 46. Etage des Central Plaza *(siehe S. 43)* in Wan Chai aufsuchen. Museen und Kunstsammlungen sind in Hongkong äußerst preisgünstig – alle bieten einen Tag pro Woche mit freiem Eintritt, andere sind jederzeit kostenlos zugänglich.

5 Parks & Gärten

Der Hong Kong Park *(siehe S. 59)*, der zudem einen Rundgang durch das Edward Youde Aviary bietet, und die nahen Zoological and Botanical Gardens *(siehe S. 54)* kosten keinen Eintritt.

6 Kostenloser Tai-Chi-Unterricht

Die anmutig fließenden und gesundheitsfördernden Bewegungen der traditionellen chinesischen Kampfkunst Tai Chi Chuan kann man montags, mittwochs, donnerstags und freitags jeweils morgens vor dem Museum of Art kostenlos erlernen *(siehe S. 33)*.

7 Tempel

Die zahlreichen Tempel verlangen von Besuchern keinen Eintritt, Spenden sind jedoch jederzeit willkommen. Besonders sehenswert sind der Man Mo Temple an der Hollywood Road *(siehe S. 61)*, der Tin Hau Temple nahe der Nathan Road in Yau Ma Tei *(siehe S. 89)* sowie der Wong Tai Sin Temple im östlichen Kowloon *(siehe S. 95)*.

8 Telefon & Internet ohne Gebühr

Ortsgespräche sind – außer von Münzfernsprechern und vom Hotelzimmer aus – gebührenfrei (etwa in Hotellobbys). Im Business-Center des Convention Centre sowie in der Zentralbibliothek in Causeway Bay stehen kostenlose Internet-Zugänge zur Verfügung.

9 Kostenlose Kulturangebote

Kostenlose Konzerte kann man am Donnerstagmittag und an einigen Samstagabenden im Foyer des Hong Kong Cultural Centre *(siehe S. 82)* besuchen. Im Fringe Club *(siehe S. 64)* verlangen bisweilen Bands am Wochenende keinen Eintritt. Kostenlose Ausstellungen zeigt das Hong Kong Arts Centre in Tsim Sha Tsui.

10 Unterkunft

Billige, teils jedoch unsaubere Unterkünfte findet man in den Chungking Mansions oder in den Mirador Mansions an der Nathan Road in Tsim Sha Tsui. Alternativen sind YMCA und Youth Hostel Association *(siehe S. 146 & S. 151f)*.

Auf einen Blick

YMCA
2268 7888

Youth Hostel Association
2788 1638

Preiswerte Hotels & Unterkünfte **siehe S. 151 & S. 152**

Links **Schuhmacher** Mitte **Landmark Centre** Rechts **Opernmaske – ein hübsches Souvenir**

TOP 10 Shopping-Tipps

1 Öffnungszeiten
Die meisten Läden sind täglich geöffnet, meist ab 10.30 Uhr und in der Regel bis 18.30 Uhr. Viele Läden in Einkaufsgegenden schließen erst um 21 Uhr oder später.

2 Steuern
2006 wurde in Hongkong der Plan verworfen, eine allgemeine Umsatzsteuer einzuführen. Derzeit fällt außer beim Kauf von Autos, Kosmetikartikeln, Alkohol und Tabak keine Umsatzsteuer an.

3 Handeln
In kleinen Läden wie den vielen selbstständigen PC- und Elektronikläden lohnt es sich zu handeln. Fragen Sie nach Rabatten bei Barzahlung, wenn Sie z. B. Computer oder Antiquitäten kaufen. Gefeilscht wird auf Märkten, bei Antiquitäten und Souvenirs wird dies regelrecht erwartet.

4 QTS-Symbol
Das Symbol – ein großes goldenes Q mit schwarzem Federstrich – bedeutet, dass ein Laden von der Stadtverwaltung für gutes Angebot, Service, Ausstattung und Beratung ausgezeichnet wurde.

5 Richtige Größen
Viele Europäer, vor allem Frauen, empfinden die für Asiaten produzierten Schuhe als zu eng. Man sollte in Boutiquen und Läden ruhig fragen, ob es andere Größen im Lager gibt. Bekleidung in der richtigen Größe findet man in Läden wie Marks & Spencer meist leichter.

6 Maßschneider
Viele Schneider können einen Maßanzug innerhalb von 48 Stunden liefern. Die Preise sind in der Regel niedrig, obwohl Schnäppchen hin und wieder mit billigem Stoff oder schlechter Qualität erkauft werden. Bekannte Schneider arbeiten jedoch solide. Herrenanzüge gibt es beim berühmten Sam's Tailor oder beim Maßschneider A-Man Hing Cheong im Mandarin Oriental. Maßgeschneiderte *cheong sams* (traditionelle lange chinesische Frauenkleider) kauft man bei Shanghai Tang.

7 Preiswert shoppen
Äußerst günstige Kleidung gibt es auf den Märkten in Lai Chi Kok und Sham Shui Po. Die Filialen von Giordano und Bossini bieten gute, preiswerte Freizeitkleidung. Stark reduzierte Designerstücke gibt es in der vierten bis sechsten Etage des Pedder Building *(siehe S. 63)* in Central oder im Joyce Warehouse *(siehe S. 76)*.

8 Shopping in China
Überlegen Sie sich, ob Sie mit einem Visum nach China einreisen *(siehe S. 136)* und die Grenzstadt Shenzhen *(siehe S. 126–129)* besuchen wollen. Hier gibt es günstige Kleidung und (meist gefälschte) Designerware. Wenn Sie gern feilschen und viel einkaufen, macht sich ein solcher Ausflug schnell bezahlt.

9 Fälschungen
Gefälschte Designerkleidung und Uhren sind preiswert und überall auf den Mäkten, vor allem in Shenzhen, zu finden. Die Qualität schwankt jedoch sehr, sodass man aufpassen muss, keinen Schrott zu erstehen.

10 Nepp erkennen
Seien Sie sehr vorsichtig beim Kauf hochwertiger Geräte wie PCs und anderer Elektronikprodukte, vor allem in kleinen Läden in Tsim Sha Tsui. Fragen Sie nach, ob eine in Europa gültige Garantie und wichtige Zubehörteile inklusive sind.

Auf einen Blick

A-Man Hing Cheong
Mandarin Oriental, 5 Connaught Rd, Central, Hong Kong Island • 2522 3336

Sam's Tailor
94 Nathan Rd, Tsim Sha Tsui • 2367 9423

Shanghai Tang
12 Pedder St, Central, Hong Kong Island • 2525 7333

Märkte in Hongkong **siehe S. 38f**

Links **Happy Valley** Rechts **Tsing-Ma-Hängebrücke**

TOP 10 Sightseeing

1 Bustouren
Falls Sie wenig Zeit haben oder müde sind, ist die fünfstündige »Heritage Tour« ideal: Sie bietet einen Überblick über Tempel, Ahnenhallen und ummauerte Dörfer. Die tägliche »Land Between Tour« führt auf den höchsten Berg von Hongkong, zu ländlichen Märkten und in Fischerdörfer (Buchungen beim HKTB).

2 »Cultural Kaleidoscope«
Die kostenlosen Führungen und Vorträge von Experten über regionale Traditionen, traditionelle chinesische Medizin oder Feng-Shui bieten einen Einblick in das kulturelle Leben Hongkongs und Chinas. Jeden Tag gibt es einen Vortrag oder eine Führung zu einem bestimmten Thema (Auskünfte beim HKTB).

3 Auf eigene Faust
Nur einen Steinwurf von den Wolkenkratzern in Central entfernt, entführt Sie die Western Walking Tour in eine andere Welt: zu Läden mit Trockenfisch, Kräuterapotheken und Tempeln (Broschüre in den HKTB-Büros). Eine Alternative ist der einsame Lung Yuek Tau Heritage Trail, ein kurzer Wanderweg, der am Fung Ying Sin Koon Temple beginnt und zu eleganten Ahnenhallen und winzigen Dörfern führt.

4 Hong Kong Dolphinwatch
Auf dem vierstündigen Ausflug kann man die vom Aussterben bedrohten Weißen Delfine (die oft rosafarben sind) vor Lantau Island garantiert sehen – falls nicht, bekommt man sein Geld zurück. Die erfahrenen Führer informieren über das Leben der Säugetiere und ihre Gefährdung.

5 Museen
Die Museen und Sammlungen Hongkongs kann man am bequemsten per Bus (Mi, Fr & So 10–18 Uhr) besuchen: Ein Shuttle-Service verbindet die Museen für Kunst, Technik, Geschichte und Raumfahrt in Tsim Sha Tsui und das beeindruckende Heritage Museum in Sha Tin. Eine einwöchige Busfahrkarte ist beim HKTB erhältlich. Sie gestattet unbegrenzte Museumsbesuche.

6 Hafenfahrten
Die Skyline von Central kann man tagsüber und abends auf einer Hafentour bewundern. Schön ist auch eine Bootsfahrt unter der Tsing-Ma-Hängebrücke. In den HKTB-Büros werden verschiedene Hafentouren angeboten.

7 Pferderennbahn
Stampfende Hufe und bebende Erde erlebt man auf einem der ultimativen Hongkong-Ausflüge. Splendid Tours bietet bei Rennen die »Come Horseracing Tour« an *(siehe S. 12f & S. 101)*.

8 Ortskenner
Die HKTB-Website *(siehe S. 139)* gibt Tipps für Spaziergänge. Diese können in einer Gratisbroschüre nachgelesen werden, die zweimal im Jahr erscheint und weltweit in allen HKTB-Büros erhältlich ist.

9 Mietdschunken
Falls Geld keine Rolle spielt, mieten Sie eine Dschunke und erkunden die einsamen Strände und Inseln Hongkongs.

10 Hubschrauberflüge
Blick aus der Luft auf die Stadt bietet der 15-minütige Helikopterflug von Gayline Tours, gefolgt von einem Mittagessen sowie einer Sampan- und Tramfahrt zum Peak. Die Flüge von Heliservices AirTours über Hafen, Kowloon und Lantau dauern 30 bzw. 60 Minuten.

Auf einen Blick

HKTB-Hotline
- *tägl. 7–21 Uhr*
- *2508 1234*

Hong Kong Dolphinwatch
2984 1414

Grayline Tours
2368 7111

Heliservices AirTours
2523 6407

Infos zur Delfinbeobachtung **www.hkdolphinwatch.com**

Links **YMCA** Mitte **Kellner im Hotel Peninsula** Rechts **Swimmingpool im Peninsula**

Top 10 Hotel-Tipps

1 Reservierungen

Eine Reservierung über HKTB oder ein Reisebüro ist fast immer günstiger als eine direkte Buchung beim Hotel. Viele Websites bieten Hotelreservierungen an *(siehe S. 137)*. Bei der Hong Kong Hotels Association ist es möglich, telefonisch zu reservieren.

2 Hochsaison

In den Messe- und Kongressmonaten Oktober und April sind die Preise höher. Die besten Hotels – und viele andere auch – sind in dieser Zeit ausgebucht.

3 Enthaltene Leistungen

Die Benutzung von Einrichtungen wie Fitness-Center oder Swimmingpool ist üblicherweise im Zimmerpreis enthalten. Das Frühstück ist selten inbegriffen, meist nur in sehr guten Hotels. Die dreiprozentige staatliche Steuer und zehn Prozent Service werden stets (außer bei sehr günstigen Gästehäusern) aufgeschlagen. Ortsgespräche sind meist von der Hotellobby aus kostenlos – vom Hotelzimmer aus nicht.

4 Preiswerte Unterkünfte

Das Salisbury YMCA *(siehe S. 151)* in Tsim Sha Tsui ist sehr gut ausgestattet und bietet tolle Ausblicke. Auch das Anne Black Guest House (zwei Sterne) in der Gegend rund um die Temple Street in Kowloon bietet ein gutes Preis-Leistungs-Verhältnis *(siehe S. 152)*.

5 Spät einchecken

Wenn Sie gerade erst gelandet sind und ein Hotel suchen, wenden Sie sich an die Hotelinformation und -reservierung in den Ankunftshallen A und B (6–1 Uhr) oder fahren Sie zu den Chungking oder Mirador Mansions an der Nathan Road *(siehe S. 84)*.

6 Websites

Die im Kasten aufgeführten Websites sind übersichtlich aufgebaut und bieten häufig Zimmer mit attraktiven Preisnachlässen an.

7 Einzelreisende

Das Anne Black Guest House bietet zahlreiche saubere, preiswerte Einzelzimmer an. Weniger schön sind Gästehäuser in den Chungking Mansions *(siehe S. 152)* – doch sie sind sehr billig und deshalb eine gute Wahl für preisbewusste Einzelreisende.

8 Familien

Die meisten besseren Hotels bieten Babysitter-Service an. Das Salisbury YMCA *(siehe S. 151)* hat günstige Familiensuiten.

9 Langzeitunterkünfte

Viele Hotels und Gästehäuser bieten hohe Rabatte für Aufenthalte über einen Monat an. Bei Langzeitaufenthalten empfehlen sich auch Apartments *(siehe unten)*. Das Wesley in Wan Chai hat günstige Monatsangebote *(siehe S. 153)*.

10 Aparthotels

Die Shama Group unterhält Apartments in Central. Wenn Sie genug von der Stadt haben, können Sie auch kleine, einfache Ferienapartments auf Lamma Island mieten: Strände, Bars und Restaurants liegen unmittelbar vor der Tür.

Auf einen Blick

Hong Kong Hotels Association
Info: 2375 3838; Reservierungen: 2769 8822 oder 2383 8380
• www.hkha.org

Anne Black Guest House
2713 9211

Shama Group
2522 3082
• www.shama.com

YMCA
41 Salisbury Rd, Tsim Sha Tsui • 2268 7888

The Wesley
22 Hennessy Rd, Wan Chai • 2866 6688

Websites
- *www.asiatravel.com*
- *www.lastminute.de*
- *www.hotels.de*
- *www.trivago.de*
- *www.rentaroomhk.com*

Hongkong hat 200/220 Volt Wechselstrom, 50 Hertz. Es sind englische Rundstecker in Gebrauch. Ein Adapter empfiehlt sich.

Links **Bar im Shangri-La** Rechts **Hongkongs Mandarin Oriental**

Preiskategorien

Preis für ein Doppelzimmer pro Nacht mit Frühstück (falls inklusive), Steuern und Service.		
	$	unter 500 HK$
	$$	500–1000 HK$
	$$$	1000–2000 HK$
	$$$$	2000–2500 HK$
	$$$$$	über 2500 HK$

TOP 10 Super-Luxushotels

1 The Peninsula
Das 1928 eröffnete klassizistische Peninsula ist noch immer ein beliebter Anlaufpunkt. Das Gebäude mit Blick auf Victoria Harbour ist berühmt für dezenten Luxus und hervorragenden, freundlichen Service *(siehe S. 81)*. *Salisbury Rd, Kowloon • Karte N4 • 2920 2888 • www.peninsula.com • $$$$$*

2 Mandarin Oriental
Die lang erwartete Renovierung des beliebten Hotels muss als rundum gelungen bezeichnet werden. Lobby, Bar und Restaurants sind nach wie vor beliebte Treffpunkte, die eleganten Zimmer haben ihren Charme behalten und bieten dennoch modernes Design sowie alle erdenklichen Hightech-Annehmlichkeiten. *5 Connaught Rd, Central • Karte K4 • 2522 0111 • www.mandarinoriental.com • $$$$$*

3 Hotel InterContinental Hong Kong
Das schicke und moderne InterContinental (das ehemalige Regent) ist bei Berühmten und Reichen populär und wird regelmäßig in die Liste der besten Hotels in Asien gewählt. Die geräumigen, geschmackvoll eingerichteten Zimmer bieten eine fantastische Aussicht auf den Hafen. *18 Salisbury Rd, Kowloon • Karte N4 • 2721 1211 • www.ichotelsgroup.com • $$$$$*

4 Island Shangri-La
Die attraktive weitläufige Lobby, riesige Kristallleuchter und die imposante Seidendekoration im Atrium geben bereits einen Vorgeschmack auf die elegant ausgestatteten Hotelzimmer mit Blick auf Peak und Hafen. *Pacific Place, Central • Karte M6 • 2877 3838 • www.shangri-la.com • $$$$$*

5 The Conrad
Angesichts der riesigen Blumen und Insekten auf den Mosaiken in der hohen Lobby des beeindruckenden Hotels fühlt man sich ganz klein. Die Zimmer ab dem 40. Stock sind groß und komfortabel ausgestattet und bieten einen tollen Blick auf den Peak. *Pacific Place, Central • Karte M6 • 2521 3838 • www.conrad.com.hk • $$$$$*

6 The Grand Hyatt
Neben dem Convention Centre liegt das einzige Luxushotel in Wan Chai. Hier logierte schon der frühere US-Präsident Bill Clinton. Die Räume wirken modern und bieten allen technischen Komfort. *1 Harbour Rd, Wan Chai • Karte N5 • 2588 1234 • www.hongkong.grand.hyatt.com • $$$$$*

7 The Landmark Mandarin Oriental
Ehemalige Büros wurden hier in schicke, großzügige Zimmer umgestaltet und mit runden versenkten Badewannen versehen. HD-Fernseher und Breitbandanschluss gehören zum Standard. *15 Queen's Rd, Central, Central • Karte L5 • 2132 0188 • www.mandarinoriental.com • $$$$$*

8 The Venetian
Das spektakulärste Casino-Hotel von Macau kopiert den Las-Vegas-Traum von Italien, wobei sich auf den Wasserflächen Sampans zwischen die Gondeln schwindeln. Das Mega-Resort verfügt ausschließlich über Suiten und bietet eine thematisch gestaltete Shopping-Passage sowie ein Theater für 1800 Zuschauer. *Estrada da Baia de N Senhora da Esperanca, Cotal Strip, Macau • 2882 8888 • www.venetianmacau.com • $$$$$*

9 Kowloon Shangri-La
Es ist nicht ganz so gut wie das Schwesterhaus auf Hong Kong Island, bietet dafür aber Luxus für deutlich weniger Geld. *64 Mody Rd, Kowloon • Karte P3 • 2721 2111 • www.shangri-la.com • $$$$$*

10 The Langham
Das Haus verströmt unterkühlten Luxus. Es gibt ein Fitness-Center, einen Pool und eine Sauna sowie exzellente Restaurants wie T'ang Court. *8 Peking Road, Tsim Sha Tsui, Kowloon • Karte M4 • 2375 1133 • www.langhamhotels.com • $$$$*

Wenn nicht anders angegeben, akzeptieren alle Hotels Kreditkarten und bieten Zimmer mit Bad und Klimaanlage.

Links **Holiday Inn Golden Mile** Mitte **The Sheraton** Rechts **Regal Airport Hotel**

Top 10 Luxushotels

1 Wynn Macau
Das riesige Casino-Hotel verfügt über hohe, geschmackvoll eingerichtete Zimmer mit toller Aussicht. Man fühlt sich hier fast wie zu Hause. Die zahlreichen technischen Annehmlichkeiten kann man allesamt per Fernbedienung steuern. *Rua Cidade de Sintra, NAPE, Macau • 2888 9966 • www.wynnmacau.com • $$$$*

2 Holiday Inn Golden Mile
Das Hotel liegt im Herzen von Kowloons Shopping-Meile, der Golden Mile, und bietet eine Auswahl an Restaurants und Bars mit vernünftigen Preisen. Die Zimmer sind komfortabel. Es gibt ein Fitness-Center, einen Pool und einen Babysitter-Service. *50 Nathan Rd, Tsim Sha Tsui • Karte N2 • 2369 3111 • www.ichotelsgroup.com • $$$$*

3 China Hotel Guangzhou
Das China Hotel bietet nicht ganz so viel wie das ebenfalls riesige Garden Hotel, gehört aber noch immer zu den drei besten Häusern in Guangzhou. Es befindet sich in bester Lage neben dem Messe- und Kongressplatz. Das Haus bietet ein großes, gut ausgestattetes Fitness- und Wellness-Center, einen Pool sowie gute Restaurants und Cafés. *122 Liu Hua Lu, Guangzhou • 8666 6888 • www.marriott.com • $$$*

4 Royal Garden Hotel
Elegante Zimmer gruppieren sich in dem preislich vernünftigen Royal Garden Hotel um eine helle Atrium-Lobby. Auf dem Dach gibt es einen Pool, ein Fitness-Center und einen Tennisplatz – all das beeindruckt genauso wie das exzellente italienische Restaurant Sabatini. *69 Mody Rd, Tsim Sha Tsui • Karte P3 • 2721 5215 • www.rghk.com.hk • $$$*

5 Garden Hotel Guangzhou
Die labyrinthartige Lobby lässt die Größe des Hotels (über 1000 Zimmer) erahnen. Das Haus bietet eine eigene Shopping-Mall sowie gute Restaurants und Bars. *368 Huangshi Dong Lu, Guangzhou • 8333 8989 • www.thegardenhotel.com.cn • $$$*

6 The Park Lane
Die Zimmer sind großzügig geschnitten und bieten meist eine gute Aussicht. Die Fernseher haben Internet-Zugang, die Deluxe-Zimmer Bäder mit Glaswänden und Glaswaschbecken. *310 Gloucester Rd, Causeway Bay • Karte Q5 • 2293 8888 • www.parklane.com.hk • $$$*

7 The Excelsior
Das moderne und freundliche Hotel – das Schwesterhaus des Mandarin Oriental – bietet jede erdenkliche Ausstattung und Annehmlichkeit. *281 Gloucester Rd, Causeway Bay • Karte Q5 • 2894 8888 • www.excelsiorhongkong.com • $$$$*

8 The Sheraton
Die Zimmer sind komfortabel, aber nicht außergewöhnlich. Allerdings heben es die zentrale Lage am Wasser sowie die Ausstattung mit Pool, Spa, Fitness-Center und Spielfilmkanal in die Luxuskategorie. *20 Nathan Rd, Kowloon • Karte N4 • 2369 1111 • www.starwoodhotels.com • $$$$$*

9 Shangri-La Hotel Shenzhen
Das Shangri-La in der Nähe der Shopping-Meilen und des Bahnhofs ist eine Oase der Ruhe inmitten des Kommerzes von Shenzhen. Zum Hotel gehören ein Dachpool und ein Fitness-Center. Sauna und Dampfbad liegen in der Nähe. *Jianshe Lu, Shenzhen • Karte D1 • 8233 0888 • www.shangri-la.com • $$*

10 Harbour Grand Kowloon
Das hervorragende Hotel hat nur ein Problem: die Lage in Hung Hom. Die Zimmer besitzen große Betten und geräumige Badezimmer, einige auch sehr schönen Hafenblick. Der Dachpool mit famosen Panoramafenstern ist toll. *20 Tak Fung St, Hung Hom • Karte Q3 • 2621 3188 • www.harbourgrand.com • $$$*

Die besten Restaurants Hongkongs **siehe S. 48f**

Links **Kowloon Hotel** Rechts **The Kimberley Hotel**

Preiskategorien

Preis für ein Doppelzimmer pro Nacht mit Frühstück (falls inklusive), Steuern und Service.

$	unter 500 HK$
$$	500–1000 HK$
$$$	1000–2000 HK$
$$$$	2000–2500 HK$
$$$$$	über 2500 HK$

TOP 10 Mittelklassehotels in Hongkong

1 The Renaissance Harbour View
Wegen der Lage über dem Convention and Exhibition Centre am Wasser ist das Hotel bei Geschäftsreisenden beliebt, doch auch Urlauber erfreuen sich an der gepflegten Anlage und dem Freizeitangebot. *1 Harbour Rd, Wan Chai • Karte N5 • 2802 8888 • www.marriott.com • $$$$$*

2 Kowloon Hotel
Das Kowloon, Teil der Harbour Plaza Group, ist ideal für Geschäftsleute und Reisende, die gern zentral wohnen. Die eher kleinen Zimmer sind mit Computer und Internet-Zugang ausgestattet, allerdings wirkt der einstige Hightech-Look heute etwas antiquiert. *19–21 Nathan Road, Tsim Sha Tsui, Kowloon • Karte N4 • 2929 2888 • www.harbour-plaza.com • $$$*

3 Empire Hotel Kowloon
Das vor etwas mehr als zehn Jahren eröffnete Hotel mit modernem Fitness-Center und hübschem Atrium-Pool steht im Kontrast zum bescheideneren Schwesterhotel in Wan Chai. Die Zimmer sind mit aktueller Internet-, Audio- und Videotechnik ausgestattet. Die Lage ist ideal, um in Tsim Sha Tsui zu shoppen und zu essen. *62 Kimberley Road, Tsim Sha Tsui • Karte N3 • 3692 2222 • www.empirehotel.com.hk • $$$*

4 The Kimberley Hotel
Die beeindruckende, mit Marmor verkleidete Lobby mit Geschäftsräumen, Bar und Café gruppiert sich um einen Teich mit reizvollem Wasserfall und Seerosen. Die Zimmer sind gut ausgestattet und haben Marmorbadezimmer. Zu den Einrichtungen gehören u. a. ein Golfplatz und ein Spa. *28 Kimberley Rd, Tsim Sha Tsui • Karte N3 • 2723 3888 • www.kimberley.com.hk • $$$*

5 Regal Airport Hotel
Hongkongs größtes Hotel ist direkt mit dem Flughafenterminal verbunden. Die geräumigen Zimmer zeigen neuestes Design. Außerdem gibt es zehn Restaurants und Bars. *9 Cheong Tat Rd, Chek Lap Kok • Karte B5 • 2286 8888 • www.regalhotel.com • $$$*

6 The Mira
Dem schick gestylten, futuristischen Business-Hotel fehlt vielleicht ein wenig Charme, das Design ist dennoch bewundernswert. Der Infinity Pool und das Luxusspa zählen zu den Hauptattraktionen. *118 Nathan Rd, Tsim Sha Tsui • Karte N3 • 2368 1111 • www.themirahotel.com • $$$*

7 The Luxe Manor
In dem durchgestylten Boutiquehotel in Kowloon kombiniert man fast surrealistisches Dekor mit Hightech-Ausstattung. Bemalte Bilderrahmen reichen bis zur Decke. Zum Standard gehören WLAN und Regenduschen. *39 Kimberley Rd, Tsim Sha Tsui • Karte N3 • 3763 8888 • www.theluxemanor.com • $$$*

8 Eaton Smart
Die beste Wahl im Areal von Yau Ma Tei und Jordan bietet zweckmäßig eingerichtete Zimmer mit Internet und Fax sowie eine schöne Lobby. *380 Nathan Rd • Karte N1 • 2782 1818 • www.eaton-hotel.com • $$$*

9 JIA Boutique Hotel
Das mitten in Causeway Bay versteckte JIA (Mandarin für »Zuhause«) hat der französische Stardesigner Philippe Starck entworfen. Die Studios und Ein-Raum-Suiten bestechen dank der geglückten Kombination von Behaglichkeit und Luxus. *1–5 Irving St, Causeway Bay • Karte Q6 • 3196 9000 • www.jiahongkong.com • $$$*

10 Bishop Lei International House
Die Lage des Hotels in Parknähe ist ruhig und es ist nicht weit bis zum Escalator. Die Zimmer sind ziemlich klein. Es gibt Angebote für Langzeitgäste. *4 Robinson Rd, Mid-Levels • Karte K6 • 2868 0828 • www.bishopleihtl.com.hk • $$$*

Wenn nicht anders angegeben, akzeptieren alle Hotels Kreditkarten und bieten Zimmer mit Bad und Klimaanlage.

Links **Holiday Inn in Macau** Mitte **The Metropole** Rechts **New Century Hotel**

Top 10 Mittelklassehotels, Macau & China

1 Holiday Inn
Die Zimmer in der Nähe der Lisboa-Casinos und unweit des Zentrums von Macau sind mit Kabel-TV ausgestattet, sonst aber relativ langweilig eingerichtet. Allerdings gibt es gute Freizeiteinrichtungen wie Pool und Fitness-Center sowie ein solides Restaurant mit Kanton- und Sichuan-Küche. *Rua de Pequim 82–86, Macau • 2878 3333 • www.holidayinn.com • $$*

2 The Metropole
Die Zeitreise in die 1970er Jahre macht Ihnen vielleicht Spaß – das Metropole richtet sich allerdings eher an Gäste aus China und ist nichts Besonderes. Die Preise sind niedrig. Das Haus liegt in der Nähe der Läden und Sehenswürdigkeiten von Macau. *Avenida de Praia Grande, Macau • 2838 8166 • www.mctshmi.com • $$*

3 Hotel Royal Macau
Das Hotel Royal ist eines der ältesten Hotels in Macau – und das kann man durchaus sehen. Das Haus ist allerdings sauber und gut geführt. Die Zimmer sind nur mit dem Nötigsten ausgestattet. Den Gästen stehen ein Pool, ein Fitness-Center und eine Sauna zur Verfügung. Das Hotel liegt nahe dem Zentrum beim pittoresken Leuchtturm Guia. *Estrada da Vitoria 2–4, Macau • 2855 2222 • www.hotelroyal.com.mo • $$$$*

4 New Century Hotel
Das New Century wurde mit viel Marmor und Dekostoffen gestaltet. Das Casino-Hotel ist komplett ausgestattet und bietet große Zimmer. Wer allerdings nicht in einem Casino übernachten möchte, sollte das Hyatt gegenüber in Betracht ziehen. *Av. Padre Tomas Periera 889, Taipa, Macau • www.newcenturyhotel-macau.com • 2883 1111 • $$$*

5 Guangdong Victory Hotel
Das ehemalige Victoria Hotel hat zwei Standorte auf Shamian Island – einen klassizistischen Neubau und das ursprüngliche Gebäude aus der Kolonialzeit. Zur Ausstattung gehören Business-Center, Pool und Sauna. *53 Shamian Bei Jie, Guangzhou • 8121 6688 • www.vhotel.com • $$*

6 Guangdong Hotel, Shenzhen
Das Hotel bietet ein recht gutes Preis-Leistungs-Verhältnis bei komfortablen, wenn auch schlichten Zimmern. Es gibt ein bescheidenes Restaurant und ein gutes Business-Center. *3033 Shannandong Rd, Shenzhen • 8222 8339 • $$*

7 Century Plaza Hotel
Das Mittelklassehotel im Zentrum von Shenzhen verfügt über geräumige Zimmer, Kabel-TV, Pool, Sauna, Fitness-Center und eine Karaokebar. *Kin Chit Lu, Shenzhen • 8232 0888 • www.centuryplazahotel-shenzhen.com • $*

8 Crowne Plaza Hotel & Suites Landmark, Shenzhen
Das Hotel bietet luxuriöse Zimmer und umfassende Einrichtungen wie Wellness-Bereich, Driving Range, Fitness-Center und kostenlosen WLAN-Anschluss. *3018 Nanhu Lu, Shenzhen • 2693 6888 • www.ichotelsgroup.com • $$*

9 The Panglin Hotel
Das moderne wie hübsche Panglin ist eines der besten Hotels in Shenzhen. Es liegt rund vier Kilometer vom Bahnhof entfernt. Die Zimmer sind recht groß und mit Kabel-TV ausgestattet. Zu den Annehmlichkeiten gehören ein Shuttle-Bus zum Bahnhof, ein Babysitter-Dienst und Zimmerservice rund um die Uhr. Das Sky Paradise ist das höchste Restaurant in Shenzhen. *2002 Jiabin Lu, Luo Hu, Shenzhen • 2518 5888 • www.panglin-hotel.com • $$$*

10 Felicity Hotel
Das preiswerte Hotel liegt gut und besitzt eine Kunstgalerie. Der Standard des Best-Western-Hauses ist hoch: Es gibt vier Restaurants, ein Fitness-Center und einen Pool. *1085 Heping Lu, Shenzhen • 2558 6333 • www.bestwestern.com • $$*

Macau, Shenzhen & Guangzhou auf der Karte
siehe S. 118, S. 126 & S. 130

Nathan Road

Preiskategorien		
Preis für ein Doppelzimmer pro Nacht mit Frühstück (falls inklusive), Steuern und Service.	$	unter 500 HK$
	$$	500–1000 HK$
	$$$	1000–2000 HK$
	$$$$	2000–2500 HK$
	$$$$$	über 2500 HK$

TOP 10 Preiswerte Hotels

1 The Salisbury YMCA

Lassen Sie sich vom Kürzel YMCA nicht abschrecken: Preis-Leistungs-Verhältnis, Aussicht und Lage (neben dem Peninsula) der beliebten Jugendherberge sind unschlagbar. Die gut ausgestatteten Räume sind groß und verfügen über Fax- und Internet-Anschlüsse sowie Kabel- und Satelliten-TV. Ein großer Pool, eine Sauna, ein Fitness-Center und eine Kletterwand runden das Angebot ab. Die Familiensuiten imponieren. *41 Salisbury Rd, Tsim Sha Tsui • Karte M4 • 2268 7000 • www.ymcahk.org.hk • $$$*

2 BP International House

Die kleinen Zimmer mit leider unansehnlichen Tapeten aus den 1980er Jahren und kleinen Betten sind sauber und preiswert. Die Aussicht auf den Kowloon Park ist schön. *8 Austin Rd, Tsim Sha Tsui • Karte M2 • 2376 1111 • www.bpih.com.hk • $$$*

3 The Wharney

Das Hotel liegt im Zentrum des aufstrebenden Viertels Wan Chai. Das Fitness-Center wurde neu eingerichtet, daneben gibt es einen Swimmingpool, eine Sauna und Restaurants. Die Zimmer sind gut ausgestattet, allerdings relativ klein. *57–73 Lockhart Rd, Wan Chai • Karte N6 • 2861 1000 • www.gdhhotels.com • $$$*

4 The Fleming

Die preiswerten Zimmer, von denen viele über eine kleine Küche verfügen, sind eine gute Wahl für Familien. Konferenzzentrum und die Fähren nach Kowloon und Wan Chai sind in der Nähe. *41 Fleming Rd, Wan Chai • Karte N6 • 3607 2288 • www.thefleming.com.hk • $$$*

5 The Garden View

Trotz guter Lage sind die Preise moderat – und bei Aufenthalten von über zwei Wochen noch niedriger. Die Einrichtung der kleinen Zimmer stammt aus den 1980er Jahren. In der Nebensaison gibt es 30 bis 50 Prozent Ermäßigung. *1 Macdonnell Rd • Karte K6 • 2877 3737 • www.ywca.org.hk • $$$*

6 Shamrock

Die Lobby ist dunkel und die Fahrstühle sind schäbig, doch sie führen zu großen Zimmern mit Satelliten-TV, Klimaanlage und Telefon. *23 Nathan Rd • Karte N4 • 2735 2271 • www.shamrockhotel.com.hk • $$*

7 The Harbourview

Das chinesische Gästehaus des YMCA bietet einfache Zimmer, ist wegen seiner tollen Lage allerdings relativ teuer. In der Nebensaison werden Rabatte angeboten. *4 Harbour Rd, Wan Chai • Karte N5 • 2802 0111 • www.theharbourview.com.hk • $$$*

8 2 Macdonnell Road

Trotz der attraktiven Zimmer, der guten Lage in Central und der schönen Aussicht über die Zoological and Botanical Gardens auf Stadt und auf Hafen ist das Haus preisgünstig. Alle Zimmer sind mit einer Küchenzeile ausgestattet. Für Langzeitgäste gibt es Spezialangebote *(siehe S. 153)*. *2 Macdonnell Rd, Central • Karte K6 • 2132 2132 • www.twomr.com.hk • $$$*

9 The Empire Hotel

Zwischen den beiden Hauptstraßen im Zentrum von Wan Chai liegt das Empire. Man zahlt hier für die Lage, nicht für Luxus – die hässliche Einrichtung erinnert einen ständig daran. Der Service ist jedoch nicht schlecht. Es gibt einen kleinen Dachpool, ein Fitness-Center und Internet mit Breitbandanschluss. *33 Hennessey Rd, Wan Chai • Karte N6 • 3692 2111 • www.empirehotel.com.hk • $$$*

10 Rosedale on the Park

Das Haus, das sich selbst als »Cyber-Boutiquehotel« anpreist, bietet relativ viel fürs Geld. In den kleinen modern gestylten Zimmern steht Internet mit Breitbandanschluss zur Verfügung. Von hier hat man freie Sicht auf den Victoria Park. *8 Shelter St, Causeway Bay • Karte Q6 • 2127 8888 • www.rosedale.com.hk • $$$*

Wenn nicht anders angegeben, akzeptieren alle Hotels Kreditkarten und bieten Zimmer mit Bad und Klimaanlage.

Links **Plover Cove** Rechts **Chungking House**

TOP 10 Preiswerte Unterkünfte

1 Anne Black Guest House

Wem die Lage egal ist, der sollte im Anne Black Guest House des YWCA in Mong Kok schlafen. Die Zimmer (mit eigenem oder geteiltem Bad) sind einfach, sauber und mit Fernseher, Telefon und Klimaanlage ausgestattet. *5 Man Fuk Rd, Kowloon • Karte E4 • 2713 9211 • www.ywca.org.hk • $$*

2 Booth Lodge

Die Zimmer mit Klimaanlage, Dusche, Kühlschrank, Telefon, Bad und Fernseher sind schlicht, doch die Lage und die Preise im Hotel der Heilsarmee sind unschlagbar. *11 Wing Sing Lane, Yau Ma Tei, Kowloon • Karte N1 • 2771 9266 • http://boothlodge.salvation.org.hk • $$*

3 Caritas Bianchi Lodge

Wie bei der Booth Lodge nebenan gibt es hier nur eine Kapelle und ein Restaurant-Café zum Ausspannen. Die Zimmer sind relativ groß. *4 Cliff Rd, Yau Ma Tei, Kowloon • Karte N1 • 2388 1111 • www.caritas-chs.org.hk • $$*

4 New King's Hotel

Das Hotel steht in einer rauen und lauten Gegend. Die Zimmer sind nett, sie sind allerdings auch klein und bieten keine schöne Aussicht. *473 Nathan Rd, Yau Ma Tei, Kowloon • Karte N1 • 2780 1281 • $$*

5 Holy Carpenter Guest House

Die attraktive Alternative zu den beengten Gästehäusern Chungking und Mirador steht leider im langweiligen Hung Hom. Es gibt einfache Zwei- und Dreibettzimmer mit Fernseher, Telefon, Bad, Dusche und Klimaanlage. *1 Dyer Ave, Hung Hom, Kowloon • Karte R2 • 2362 0301 • $*

6 Bradbury Jockey Club Youth Hostel

Wie bei einem so entlegenen Gästehaus zu erwarten, sind die Schlafsäle sehr einfach und gleichen eher Baracken. Camper können weiterziehen und an den schönen Stränden in Tai Long Wan zelten. *Chek Keng, Sai Kung, New Territories • Karte F3 • 2328 2458 • $*

7 Bradbury Lodge Youth Hostel

Die freundliche Jugendherberge am Stausee mit Schlafsaal und klimatisierten Einzel- und Doppelzimmern ist als Start oder Zwischenstopp für Wanderungen in die schöne Landschaft rund um die Plover Cove geeignet. *Tai Mei Tuk, New Territories • Karte F2 • 2662 5123 • www.yha.org.hk • $*

8 Pak Sha O Hostel

Die zweckmäßige Herberge mitten im Landschaftspark bietet Schlafsäle für Wanderer und eine grandiose Aussicht. Man kann auch campen. *Pak Sha O, Hoi Ha Rd, New Territories • Karte F2 • 2328 2327 • www.yha.org.hk • $*

9 Sze Lok Yuen Hostel

Das sehr einfache Nachtlager für Wanderer steht dicht am Gipfel des Tai Mo Shan, des höchsten Bergs in Hongkong. Die Aussicht ist atemberaubend, aber in den einfachen Schlafsälen gibt es weder Ventilatoren noch Klimaanlagen. Aufgrund der Höhe ist es gleichwohl meist kühl. Campen ist erlaubt. *Tai Mo Shan, Tseun Wan, New Territories • Karte D3 • 2488 8188 • www.yha.org.hk • $*

10 Chungking House, Chungking Mansions

Für manche Rucksackurlauber ist es eine Ehre, hier zu übernachten, für andere eine unangenehme Notwendigkeit *(siehe S. 82)*. Hinter den engen, verwahrlosten Eingangsbereichen liegen etliche Gästehäuser, die billige, oft muffige Unterkünfte in allerdings herausragender Lage bieten. Die Chungking Mansions sind bedrückend, aber auch faszinierend – dies ist der kulturelle Schmelztiegel von Hongkong. Die größten Zimmer der Chungking Mansions bietet das Chungking House. *Block 4A/5F, 40 Nathan Rd, Tsim Sha Tsui • Karte N4 • 2739 1600 • www.chungkinghouse.com • $*

The Repulse Bay – ein edler Apartmentkomplex

Preiskategorien

Preis für ein Doppelzimmer pro Nacht mit Frühstück (falls inklusive), Steuern und Service.		
	$	unter 500 HK$
	$$	500–1000 HK$
	$$$	1000–2000 HK$
	$$$$	2000–2500 HK$
	$$$$$	über 2500 HK$

TOP 10 Hotels für Langzeitaufenthalte

1 22 Peel St
Das Haus liegt zentral bei einem Markt und bietet gemütliche Studios und Apartments mit eleganter Einrichtung und großen Betten. Für monatlich 250 HK$ extra steht Breitband-Internet zur Verfügung. *22 Peel St, Central • Karte K5 • 2522 3082 • www.yha.org.hk • 28 000–68 800 HK$ monatlich*

2 The Wesley
Die Ausstattung der kleinen Räume ist alt, die Preise sind jedoch trotz zentraler Lage niedrig. Küche, Ortsgespräche und Putzfrau sowie Pool und Fitness-Center im Schwesterhotel in Quarry Bay sind bereits im Preis enthalten. *22 Hennessey Rd, Wan Chai • Karte N6 • 2866 6688 • www.hanglung.com • 13 800 HK$ monatlich*

3 2 Macdonnell Road
Hier gibt es einen besseren Service für einen kaum höheren Preis als nebenan im Garden View. Die Lage ist gut, die Aussicht auf Hafen und Stadt ist ansprechend. Putzservice, Ortsgespräche, Küchenzeile, Fitness-Center, Satelliten- und Kabel-TV sowie der Shuttle-Bus nach Central sind bereits im Preis enthalten. *2 Macdonnell Rd, Central • Karte K6 • 2132 2132 • www.twomr.com.hk • 19 000–47 000 HK$ monatlich*

4 The Atrium
In den hochwertigen, schön möblierten Apartments genießt man Annehmlichkeiten wie im Fünf-Sterne-Hotel, u. a. Wellness-Bereich, beheizten Pool und Zimmerservice. Die Lage oberhalb des Pacific Place sorgt für eine fantastische Aussicht auf die Stadt. *Pacific Place, 88 Queensway • Karte M6 • 2844 8361 • www.pacificplace.com.hk • 42 800–121 600 HK$ monatlich*

5 The Repulse Bay
Die edlen, für kleine Familien oder Geschäftsleute geeigneten Apartments mit zwei Schlafzimmern befinden sich an der ruhigen Repulse Bay, mit dem Auto 20 Minuten von Central entfernt. Das große »Loch« in einem der beiden Turmkomplexe ist eine Feng-Shui-Maßnahme. *Repulse Bay • Karte E5 • 2292 2879 • www.therepulsebay.com • 65 000–82 000 HK$ monatlich*

6 The Bay Bridge
Wegen ihrer Lage in Tsuen Wan sind diese Studios und Apartments nicht für Gäste geeignet, die zentral wohnen wollen. Die Apartments sind jedoch praktisch und hübsch und mit Duschen und Küchenzeilen ausgestattet. *123 Castle Peak Rd, Yau Kom Tau, Tsuen Wan, Kowloon • Karte D3 • 2945 1111 • 7500–25 000 HK$ monatlich*

7 The Staunton
Escalator, Bars und Restaurants liegen fast vor der Tür der hübschen Studios und Apartments mit ein oder zwei Betten, gemütlicher Einrichtung und Chinadekor. *Staunton St, Central • Karte K5 • 2522 3082 • www.shama.com • 28 000–68 000 HK$ monatlich*

8 The Garden View
Ab zwei Wochen Aufenthalt gibt es für die kleinen Zimmer im Stil der 1980er Jahre attraktive Angebote. Bei Langzeitaufenthalten sind Putzfrau, Ortsgespräche und Shuttle nach Central inklusive. *1 Macdonnell Rd • Karte K6 • 2877 3737 • www.ywca.org.hk • 16 500 HK$ monatlich*

9 Rosedale on the Park
Das Rosedale bietet kleine, aber gut geschnittene Zimmer mit Breitband-Internet und Küchenzeile. Es gibt auch ein kleines Fitness-Center. *8 Shelter St, Causeway Bay • Karte Q6 • 2127 8639 • www.rosedale.com.hk • ab 26 000 HK$ monatlich*

10 Yes Inn
Die kleinen Apartments in einem Wohngebiet sind hell und preiswert. Die günstigsten Optionen bieten TV und Internet, aber keine Küche. *4/F 10 Anchor St, Tai Kok Tsui, Kowloon • Karte E4 • 3427 6000 • 9000–24 000 HK$ monatlich*

Wenn nicht anders angegeben, akzeptieren alle Hotels Kreditkarten und bieten Zimmer mit Bad und Klimaanlage.

Preiskategorien

Preis für ein Doppelzimmer pro Nacht mit Frühstück (falls inklusive), Steuern und Service.		
	$	unter 500 HK$
	$$	500–1000 HK$
	$$$	1000–2000 HK$
	$$$$	2000–2500 HK$
	$$$$$	über 2500 HK$

Links **The Warwick** Rechts **Restaurant, Harbour Plaza**

TOP 10 Ferienhotels

1 Hong Kong Gold Coast Hotel
In dem weitläufigen Resorthotel bietet jedes der gut ausgestatteten Zimmer Meerblick. Zwar wirkt die Hotelfassade wenig anziehend, doch die Freizeiteinrichtungen wie Pool, Laufstrecke sowie Golf- und Tennisplätze sind einladend. *1 Castle Peak Rd, Kowloon • Karte B3 • 2452 8888 • www.sino-hotels.com • $$$*

2 The Warwick
Das einzige größere Hotel in Cheung Chau bietet Meerblick, liegt in der Nähe schöner Strände mit Windsurfing- und Kajakverleih und ist eine preiswerte Alternative zu Hotels in der Stadt. Es gibt auch herrliche Küstenwanderwege. Die Zimmer sind zweckmäßig, die Fassade stammt aus den 1960er Jahren. *East Bay, Cheung Chau • Karte C6 • 2981 0081 • www.warwickhotel.com.hk • $$$*

3 Harbour Plaza Resort City
Die große Ferienanlage in den New Territories bietet Sport- und Freizeiteinrichtungen wie Kinos, Läden, Fitness-Center und Sportplätze sowie ein chinesisches und ein internationales Restaurant. Alle Zimmer sind mit Sitzecken und Kochnischen ausgestattet. *18 Yin Yan Rd, Tin Shui Wai, New Territories • Karte C2 • 2180 6688 • www.harbour-plaza.com • $$$*

4 Jockey Club Mount Davis Youth Hostel
Die ausgezeichnete, preiswerte und freundliche Herberge auf dem Mount Butler an der Westküste von Hong Kong Island erreicht man per Taxi. *Mount Davis Path, Kennedy Town • Karte D5 • www.yha.org.hk • 2817 5715 • $*

5 Concerto Inn
Das Gästehaus auf dem hübschen Lamma Island ist kein Resort und bietet schlichte, dafür aber saubere und klimatisierte Zimmer mit Fernseher und Minibar. Das berühmte Taubenrestaurant Han Lok Yuen liegt in der Nähe. *Hung Shing Ye, Lamma Island • Karte D6 • 2982 1668 • www.concertoinn.com.hk • $$*

6 White Swan Hotel
In dem großen, aber freundlichen Hotel in Guangzhou auf dem verträumten Shamian Island kann man mit Blick auf den Pearl River entspannen. Es gibt gut ausgestattete Zimmer mit großen Betten. *1 Southern St, Shamian Island, Guangzhou • (86 20) 8188 6968 • www.whiteswanhotel.com • $$$*

7 Pousada de São Tiago
Von diesem kleinen Hotel in einem umgebauten portugiesischen Fort (17. Jh.) hat man einen schönen Blick auf die Bucht und das chinesische Festland. Die Zimmer sind etwas überladen in portugiesischem Stil eingerichtet. *Avenida de Republica, Fortaleza de São Tiago de Barra, Macau • 2837 8111 • $$$$$*

8 Westin Resort, Macau
In dem reizvollen Hotel im Grünen bieten alle Zimmer Terrasse und Meerblick. Es gibt einen kleinen Sandstrand. Auf dem 18-Loch-Golfplatz finden die Macau Open statt. *Estrada de Hac Sa 1918, Ilha de Coloane, Macau • 2887 1111 • www.starwoodhotels.com • $$$*

9 San Va
In diesem sauberen, romantischen Gästehaus aus den 1920er Jahren reist man nicht nur in der Zeit zurück, man muss auch Abstriche beim Komfort machen. In den sehr schlichten Zimmern gibt es Tischventilatoren und Waschbecken, ansonsten muss man sich alles mit anderen Gästen teilen. *65–67 Rua da Felicidade, Macau • www.sanvahotel.com • keine Kreditkarten • $*

10 Pousada de Coloane
Das winzige, abseits liegende Hotel an der Küste von Coloane bietet einen hübschen Strandblick, Terrasse, Pool, ein portugiesisches Restaurant mit Bar und gut ausgestattete, etwas abgenutzte Zimmer. *Praia Chok Van, Coloane, Macau • 2888 2143 • $$*

Wenn nicht anders angegeben, akzeptieren alle Hotels Kreditkarten und bieten Zimmer mit Bad und Klimaanlage.

Textregister

Fett gedruckte Seitenzahlen beziehen sich auf Haupteinträge.

Danksagung & Bildnachweis

Autoren
Jason Gagliardi ist ein in Hongkong und Bangkok lebender freiberuflicher Reiseschriftsteller. Liam Fitzpatrick arbeitet für das Hong Kong Tourism Board. Andrew Stone ist ein in Hongkong lebender freiberuflicher Reiseschriftsteller.

Produktion Blue Island Publishing, London

Editorial Director Rosalyn Thiro

Art Director Stephen Bere

Bildrecherche Ellen Root

Recherche-Assistenz Amaia Allende

Korrektur & Textregister Michael Ellis

Fact Checker Emily White

Fotografien Nigel Hicks, Chris Stowers

Ergänzende Fotografien Dave King, Steven Lam, David McIntyre, David Murray, Rough Guides/Karen Trist, Chris Stowers, Jules Selmes, Paul Williams

Illustrationen Lee Redmond

Kartografie James Macdonald, Mapping Ideas Ltd

BEI DORLING KINDERSLEY, LONDON:

Senior Publishing Manager Louise Lang

Publishing Manager Kate Poole

Senior Art Editor Marisa Renzullo

Director of Publishing Gillian Allan

Publisher Douglas Amrine

Kartografie Casper Morris

DTP Jason Little, Conrad van Dyk

Produktion Sarah Dodd

Design- & Redaktionsassistenz Marta Bescos Sanchez, Anna Freiberger, Katharina Hahn, Maite Lantaron, David Leffman, Carly Madden, Nicola Malone, Alison McGill, Pure Content, Alison Roberts, Sadie Smith, Susanna Smith

Bildnachweis

Dorling Kindersley bedankt sich bei allen Museen, Hotels, Restaurants, Bars, Clubs, Casinos, Läden, Kunstgalerien und anderen Institutionen für ihre Unterstützung und für die freundliche Erlaubnis, zu fotografieren.

o=oben, ol=oben links, or=oben rechts, om=oben Mitte, orm=oben rechts Mitte, m=Mitte, mo=Mitte oben, mro=Mitte rechts, oben, mu=Mitte unten, mr=Mitte rechts, u=unten, uro=unten, rechts oben, ul=unten links, ur=unten rechts, l=links

1920 RESTAURANT AND BAR: 133ol; ALAMY IMAGES: Argus Photo 67ol, Carmo Correia 123or, dbimages 137or, Doug Houghton 89ur, Picturamic 120or, Jochen Tack 76ol; AMARONI'S LITTLE ITALY: 99ol; JON ARNOLD: Travel Pix Collection 92or; THE BIRDCAGE: 76or; BOCA: 64om; BOSSINI: 106ol; CAFE DECO GROUP: 48ol; CORBIS: Bettmann 30om/ul, Horace Bristol 30ur, Michael Freeman 94ol, Adam Woolfitt 119o; DIVINO: 52m; DRAGON-I: 52ol; FRINGE CLUB: 64ol; THE HARBOUR PLAZA: 154om; HARVEY NICHOLS & CO LTD.: 63ol; HEBE ONE O ONE: 107om; NIGEL HICKS: 8–9, 44om/ur, 47ol, 72om, 78–79, 102or, 110–111; HONG KONG DISNEYLAND RESORT: 54ul; HONG KONG HERITAGE MUSEUM: 7mo, 20or, 21mo; HONG KONG SCIENCE MUSEUM: 55ol; HONG KONG TOURISM BOARD: 8l, 14ol/u, 28m, 30ol, 32ol/om/or/m/u, 33ol/om/or/ul, 34m, 35o, 36ol/om/or/u, 37ol/or/mro/mr/ur, 40or, 44ol/or/m/ul, 46or, 50om, 72ol, 80ol/m, 83ol, 103or/mr, 116or, 137ol, 138ol, 139ol/om/or, 141ol/om/or, 142ol, 143or, 144ol, 145ol/or, 146ol/om, 148or; HONG KONG TRANSPORT DEPARTMENT: 40om; INTERCONTINENTAL HONG KONG: 48or; ISLAND SHANGRI-LA: 147ol; KEE CLUB: 52or; KIMBERLEY HOTEL: 149om; KOWLOON HOTEL: 149ol; LEONARDO MEDIA BV: 53ol, 84or, 93or, 107or, 124ol; MANDARIN ORIENTAL HOTEL GROUP: 49ol, 65ol, 147om; MANDARIN ORIENTAL, GRAND LAPA Macau: 124om; THE MACAU GOVERNMENT TOURIST OFFICE: 137om, 150ol/om/mr; NATIONAL MARITIME MUSEUM, London: 30m; NGONG PING 360: 29ol; OCEAN PARK: 54mo, 72mru; PAGE ONE THE DESIGNER'S BOOKSHOP LTD.: 70or; PANOS PICTURES: Chris Stowers 3or, 8u, 14or 18–19, 19o, 30or, 31o, 34or, 38ur, 66m/or, 75or, 88ol, 152or; PENINSULA HOTEL: 146or; SHANGRI-LA HOTELS AND RESORTS: 129um SHERATON HONG KONG: 148om; SHUTTERSTOCK: I tinerant Lens 2or; snowhite 108ol; VENETIAN MACAU LTD.: 123om; WARWICK HOTEL: 154ol; WYNN MACAU: 123ol.

UMSCHLAG:
Vorderseite: CORBIS: H. David Seawell Hauptbild; DK IMAGES: Rough Guides/ Karen Trist ul.
Rückseite: DK IMAGES: or, Nigel Hicks ol, Chris Stowers om.
Buchrücken: DK IMAGES: Chris Stowers u.

Nachweis Kartografie
Die Kartografie basiert auf der Bartholomew Digital Database, www.bartholomewmaps.com